反轉腦，樂在工作

逆向思維專家 王舜清

匡邦文化

《反轉腦，樂在工作》目錄

Contents

目錄

Contents

Contents

Contents

【作者序】不斷提出問題找著答案

一個最近時常播放的電視汽車廣告打出一句字幕：「不斷提出問題並且找到答案—馬友友」。

不斷地提出問題，並且找著它的答案，這真是非常好的一種生命態度。簡簡單單一句話，說明了為何這位舉世聞名的大提琴家，能夠經營出許多新穎、豐富、多變的生命樂章來。

逆向思維系列到目前為止已經出了五本書，看過這些書的讀者應該會發現，我也不斷地提出各種人生問題，並且由不同角度試著找出它的答案。

每本書我都用許多故事，試圖引導讀者們進入我的問題架構，然後再給予一個我能想到的跳出這架構的答案。我的答案未必是正確可行的答案，因為還牽涉到不同的人生背景，重要的是它的思考邏輯。所以我不願稱每個故事的結局是它的答案，而寧願請你把它當作一種思考上的自我訓練。

我盡量把每個故事說得有趣，但是，重點還是在「它的問題點是什麼？」「我應該如何為這個問題找出答案？」請不要只把它當成短篇小說來看。

看這些書的時候，我希望你也能在故事中間停頓的地方，動動腦給予它一個你認為最妥適的答案。然後看看我對問題的分析之後，再看看我的答案。

我的目的是什麼？就是想要表達「請你不斷挖掘行走一生可能會遇著的各種問題，並且擴大你的思考角度，給予它一個妥適的答案。」

我會不斷出書，把人生大大小小問題都給挖掘出來，然後讓我們一起由不同的思考角度，為它想個最好的答案。這些問題可能存在於人性中；存在於應對言談中；存在於做人處世的道理中；也可能存在於七情六慾之間。不管它存在於哪裡，我都要把它給找出來思考一下，這樣才不會在遇著它時張口結舌，或者手足無措。

◎ ◎ ◎

有位學生問我一個問題，他經常見到一些公眾人物把「逆向思維，反向操作」掛在嘴上，認為這是不好的，是可怕的思考及行為。他說：「老師，聽他所說的意思，這就是權謀、狡詐，好像很可怕的樣子。」

我回答：「我們生活上離不開刀子，但是刀子傷了人，你要怪刀子還是那操刀的人呢？」

任何思想行為都有可能成為會傷人的刀子，所以問題是在那操刀人的心態和用法，而不在那把刀子。一把鋒利的刀子如果使用得當，它可以幫你解決生活上的許多問題。

受人敬重的法鼓山聖嚴法師說：「慈悲無敵人，智慧沒煩惱。」這句話我要請大家想想的是下半句：「智慧沒有煩惱」。佛家一向勸人慈悲為懷，寬恕待人，所以大家都能了解上半句的意思。但是，有智慧為何就沒有煩惱？

如果你能用智慧來解決問題，當然就不會有煩惱了。但是，智慧是需要不斷去磨練才能發光的，如果你平日不願動腦筋練習有效思考的方式，那麼就不容易找著智慧。

所以，在讀這本書的時候，請你用這種方法去讀它：先看前半部的故事，了解我所提出的問題，同時想想看這問題最好能有個什麼樣的解決方法；其次請看看我的解析，對問題做出深入探討的部分；最後再看我跳出原問題架構所給予的答案。

我誠懇地邀請你加入我的思考遊戲，讓我先提出各種問題，然後讓我們一起找出它的答案來。你如果有不同的答案，也歡迎以 e-mail 告訴我。

同時，我也歡迎你把所遇到的任何人生問題以e-mail告訴我，如果合適，我會將它編成故事放入書中，和所有讀者一起思考解決的方法。

祝你有個沒有煩惱的人生！

王舜清

解1

鋒芒要露得有智慧

在茶壺裡煮湯圓的大師傅

見他耀武揚威地炫耀，
目眩神也移，雞飛狗也跳；
自己茶壺裡頭煮湯圓，
肚子裡有數，嘴上吐不了。

「聽說『御廚飯店』的大師傅，使用祖傳秘方來做火鍋湯頭，他曾祖父是大清御廚，專門負責慈禧太后喜愛的火鍋料理。」一位客人縮著脖子哈著手，在寒冷的冬天指著對街一個飯店對朋友說。

「難怪他家的火鍋味道和別家就是不同，吃完之後一股香氣留在嘴裡久久不散。」

「是啊！他家祖傳秘方是最高機密，而且傳子不傳女。到他這一代只有個獨生女，所以御廚火鍋的金字招牌，到大師傅走了之後可能就得拆下來囉！」

「綠燈亮了，過街去吃火鍋吧！」

御廚飯店的大師傅姓劉，大家都叫他劉師傅。這家飯店用了不少人，其中最得劉師傅重視的是一個靈活的小伙子小田。小田是店裡的二廚，拿手菜是各式各樣熱炒，每道菜經他調製，都可說是色香味俱全。

一天早上，劉師傅把已經在家裡調製研磨好的一大包祖傳「調料」倒入大骨頭湯裡，然後伸入大杓子攪拌，濃郁的香味剎那間充滿了整個廚房。

「嗯！好香呀！這個味道我聞了好幾年都不厭，永遠是這麼香。」小田走進廚房大大吸了一口氣。

劉師傅看了他一眼沒說話。

小田說：「火鍋湯頭決定火鍋味道的好壞，外面一些火鍋店簡直就是把山珍美味丟在洗鍋水裡就端給客人吃，眞糟蹋了這些好材料！」

見劉師傅攪拌得辛苦，小田接過大杓子幫忙，嘴裡還唸唸有詞：「街尾那家韓國火鍋店的生意硬是比別家好，也是有他的門道的。」

劉師傅一聽開口了：「什麼門道？」

「他家的韓國泡菜都使用醃了一、二年以上的泡菜，這是他們那位韓國老闆娘的獨家秘方，別人都不知道。她都是等到泡菜發酵得差不多了才拿到餐廳來交給伙計。經過發酵的泡菜，會讓火鍋湯頭變得更有味道。」

劉師傅覺著奇怪：「別人都不知道，那你怎麼會知道的？」

「嘿！天下就沒有我不知道的事！我有個朋友在那裡工作，被派往她家拿東西時發現的。」小田愈說愈得意。

劉師傅沒再說話。

一天，店裡來了桌熟客，客人點了火鍋和幾個熱炒之外，還想吃螃蟹。

「這時候的螃蟹膏黃最多了，想到就要流口水，老劉，來幾隻蟹，每人一份，你看要用什麼做法才能把美味的膏黃給好好留住，不讓牠流失一丁點兒？」

劉師傅想都沒想地說：「清蒸吧！」

沒想到站在一邊的小田忽然說：「不，不，不，清蒸還不行，裡面的味道和膏脂還是會隨水份蒸發掉。要完全保留這美味，就要用我的方法。」小田連說三個不，說的很得意，劉師傅卻在一旁變了臉色。

「眞的？太好了，你預備怎麼做？」客人問。

小田不但說得口沫橫飛，還比手畫腳：「我先用豬網油把活蟹給包裹起來，然後用繩子捆好放在油裡炸，等到螃蟹浮上油面時就熟了。這時取下網油，裡面的膏脂美味一丁點兒都不會流失。」

話一說完，客人們都鼓掌叫好，好像美味的膏黃已經上了舌尖。劉師傅一言不發轉身回廚房，垮著張臉準備客人點的火鍋。

從這天開始，劉師傅沒再和小田講話，即使小田有事情找他，他也一副愛理不理的樣子。

小田也氣了，他對別的師傅說：「就爲了這麼點兒小事發火，成天像是我欠了他一百萬似的，看樣子，我快幹不下去了！」

那位師傅沒說什麼，只說了句：「你沒發現他老早就在茶壺裡頭煮湯圓啦！」

「怎麼說？」

「他肚子裡有數，嘴上倒不出來！」

一句話讓小田心裡一驚，一向口直心快的他，從來不會拐著彎想事情，這會兒才發現自己得要好好想想整件事情的來龍去脈了。

【順思迷關】

鋒芒畢露並不是件好事，因爲鋒芒能懾人也會傷人。

上面故事裡的小田，把韓國火鍋館火鍋製作秘方打聽得清清楚楚，劉師傅心裡一定這樣想，小田千方百計去搞到別人的秘方，會不會也同樣用這招來對付他呢？

當著老客人的面，小田講出更好的調理螃蟹作法，硬是把劉師傅給比下去了，這叫劉師傅把臉往哪兒擱啊！再者，他一定會想，這人太厲害了，以後只怕會騎到我頭上來。

在課堂上當學生的時候；在辦公室裡做人部屬的時候；閒暇和朋友出遊的時候，你有沒有看到過類似或者本身遭遇到相同的情況？

不妨回憶一下，想想其中的問題，和它所造成的後果。

【反思關】

但是，這並不意味著一個人不可以有鋒芒，不可以顯示自己的能力和優點。只是要學著怎麼去隱藏自己的鋒芒於無形。

小田犯了大忌，難道就讓事情擺在那裡，在劉師傅心中生菌、發霉？最後逼得落荒而逃？

不，一個能夠發出鋒芒的人，絕對就有能力去解決問題，只要反轉一下頭腦，就可以不卑不亢地獲得別人的諒解。

請繼續看看聰明的小田怎麼解決他的問題。

◎◎◎

小田有個拿手熱炒「左宗棠雞」，嫩嫩的雞肉塊裡面放了些爆香的辣椒干，調味則是鹹、酸、辣、甜俱全。客人來了都喜歡點這道菜。

這天，有三、四桌客人不約而同點了這道菜，小田每回把材料下鍋，就對著天花板一拜，這動作惹得劉師傅不得不說話了：「你幹什麼呀！成天怪裡怪氣的！」

小田邊以大火快炒這道菜邊說：「做人要吃果子拜樹頭，我這人最重情義了，清朝大將左宗棠將軍喜愛這道湖南名菜，這才把這道菜發揚光大，所以我小田今天才得以賴它爲生，您說，我該不該拜啊？」小田拿起鍋子一哆嗦，裡面的雞塊在空中翻個滾，又穩穩實實地落在鍋子裡。

劉師傅聽了這話，再怎麼憋也憋不住笑意，只好咧嘴笑罵：「你這小子胡扯什麼？難道你炒麻婆豆腐，還得成天拜麻婆不成？」

小田嘻皮笑臉地回答：「我不知道麻婆是誰，如果知道也照拜！」這話一說完，他正正臉色很誠懇地說：「但是，我知道我有今天，全是師傅您的教導和照顧，反正，不管將來如何，我永遠不會忘記師傅對我的栽培。」

劉師傅的兩眼潤濕了，他把頭轉過去，扔下了句話：「你這臭小子！我還沒死哩你就想拜我，要拜也得等到把我家傳的御廚火鍋作法給學會了再說！」

錯貼的門神

多心的曹操，比不上別人就殺砍；
錯貼的門神，擋不住惡人卻反臉。

小鎮上有幾家銀行的分行設立在這兒，環亞銀行是其中一家。

環亞銀行的經理姓張，同事們當著他的面張經理這張經理那的，背地裡卻稱他作「門神」。其實也沒有貶他的意思，只因爲他長著兩個銅鈴眼，又很少笑，再加上成天沒事就往門口一站，更讓這個外號變得貼切了。

「我的卷宗放在門神桌上，不知道他簽好了沒有？」一位行員說。

正叮叮咚咚敲著電腦鍵盤的程宇回答：「我的卷宗放得比你早都還沒批下來，你等著吧！」

銀行到了週五特別忙，一大早就湧進許多客人，再加上不斷打進來的電話，人聲鼎沸就像個菜市場似的。

「喂！」程宇桌上的電話響了，他接起電話。

對方是位老先生，老先生不耐煩地說：「喂！你們的電話眞難打啊！我好不容易才撥通了，請轉陳小姐，謝謝。」

程宇見坐在他旁邊的陳小姐說完話放下了電話，於是把電話給轉了過去。

「喂！是的，我姓陳……老伯，我剛才沒跟你講過話呀……這裡只有我一個姓陳……不，絕對不可能，你一定是打錯了……請你再想想好了！……」

陳小姐放下電話對程宇說：「怪了，我這幾天接過兩通這種電話，都問我有關匯款買國外彩券的事，我們又沒有這種業務。」聽見陳小姐這麼說，程宇也百思不解。

下午陳小姐又接到一通怪電話，這回是位太太，她堅持曾經照著陳小姐的指示，把錢匯進銀行帳戶買彩券，打電話來只是想確定一下什麼時候開獎。

陳小姐差點兒沒和她在電話裡吵起來：「太太，我們是環亞銀行，不是賣彩券的，妳一定是弄錯了……」可是那位太太很固執，她堅稱沒錯，錢是匯到了環亞銀行，也是一位陳小姐告訴她匯款的帳號。

程宇深鎖眉頭，看起來心事重重的，他覺得這其中一定有問題，於是就報告了門神：「經理，最近陳小姐老是接到怪電話，」他把經過情形說了一遍，又說：「經理，我看還是報警來處理好了！」

不料忙著批一堆卷宗的門神卻說：「別小題大作！不會有事的。」

「我覺得一定有問題！」程宇皺著眉對陳小姐說。

「我也覺得怪怪的，可是門神一點兒都不在乎，怎麼辦呢？」陳小姐很煩惱。

程宇沉思了一會兒，像是想通了什麼似地用手指關節扣了扣桌面：「這可能和電話線路有關係。」

「線路？」

「這樣好了，我打電話給電信公司，請他們來查查看。」程宇馬上撥電話。

電信公司的工程人員來的很快，程宇陪著他來到放置大樓電話箱的地方。

「線路有問題嗎？」

「咦？有人動過手腳。」

程宇機靈地馬上阻止想要接通電話查問的工程人員：「別打草驚蛇！我先打電話報警。」

ஒ ஒ ஒ

「……歹徒宣稱環亞銀行可以代買國外彩券，然後在銀行電話箱線路上動了手腳。民眾照歹徒所給的電話號碼打到銀行，再經過語音系統轉接到歹徒接出去的線路上，然後根據對方指示將款項匯入買彩券。歹徒以語音或傳眞告訴匯款人的彩券號碼全是假的，但匯款人卻不疑有他，相信環亞銀行會代爲保管國外彩券……」一位電視記者站在銀行門外報導。

當歹徒接出去的線路佔線時，陳小姐接到的幾通電話就成了破案關鍵。機靈的程宇報警破了案，不僅有記者來訪問他，總行也因爲他的機警給予嘉勉，記上一個大功。忽然之間，他成了英雄。

幾個拿著麥克風和扛著攝影機的記者剛離開，門神就把一疊卷宗丟在程宇桌上：「隨隨便便就把卷宗拿上來要我簽，請專心做事好不好，你又不開偵探社！」

門神往銀行門口一站，臉拉得更長，銅鈴眼睜得更大了。

「他怎麼啦？」一位行員問。

「哼！終於忍不住翻臉了！」陳小姐把嘴巴一噘。

程宇沒說話，手指在鍵盤上來來回回，心裡也前前後後地思索著。

【順思迷關】

這篇談的主題是一個「讓」字。

不論「我願意讓你」，或者「憑什麼要我讓你」，說這個「讓」字的時候，或多或少有些不甘心的成份在內。

原因就在「本來是我的，不是你的」。

反過來，從另一個角度來看，你會發現在這個世界上，一加一不見得等於二，一減一也不見得等於零。也就是說，當你「讓出去」的時候，不見得你就兩手空空了，有可能反而會因此得到更多回饋。

怎麼說呢？

想想看，商人爲什麼要推出折扣商品？因爲他要讓！讓出一些折扣，可以賣出更多的貨物，所以他不但沒賠，反而賺得更多。

夫妻之間爲什麼要互讓？爲了要保持情感上的平衡。從戲劇上你也看得出來，夫妻倆在外面時，丈夫耀武揚威，妻子跟在後頭做小媳婦狀，可是回到家裡就完全反過來了。人前，妻子讓了丈夫給足他面子，人後，要怎麼樣丈夫還有話說嗎？

下屬爲什麼要讓上司？他在上你在下啊！把功勞全攬在身上，豈不要他看著你坐大？當你讓了，他就欠你一份情；當你讓了，他就得找著時機報答你。

【反思闖關】

但是，這「讓」字可是一門藝術。

你不能明明白白地告訴對方你讓他，必須要他自然發現。

什麼叫做「自然發現」？

第一、是環境上的自然。意思就是當你讓的時後，得先環顧四周確定沒人知道這事，然後你要保密，永遠不使這「讓」的機密外洩。否則，不受其利反受其害，秘密外洩會使他更加恨你，反而不如不讓。

第二、是對方心態上的自然。最好製造個機會，藉由第三者，使他了解你在讓他。沒有了尷尬和矛盾，這時他會更感激你。

請繼續看看程宇如何使他的上司「自然發現」他在讓自己？

◎ ◎ ◎

在經濟情況不是太好的大環境之下，歹徒也漸漸猖獗了起來。

「大家不准動！我手上有槍！」一聲厲喝，使得正想打開廁所門出來的程宇停下了腳步，他把耳朵貼在廁所門上聽外面的動靜。

「你是銀行經理是吧？走！拿著鑰匙跟我到金庫去！」程宇聽出來歹徒有兩人，一人監視著行內人員，另一人則把門神給押到金庫。

程宇聽到金庫的門被打開，歹徒把一包包鈔票裝入袋中。他輕輕扭開廁所門，潛入通往金庫的彎角處。歹徒正低頭裝鈔票，門神則蹲坐在地上不敢動。程宇由歹徒後方猛力一推，把歹徒推進金庫，同時間，經理跑出來，兩人很快的把金庫門給鎖上。

在外面的歹徒不耐地邊吆喝著邊往金庫走，還沒走到金庫，就被躲藏的程宇和經理一躍而上抱住，和隨後趕來的警衛合力制服了歹徒。

記者們又蜂擁而至。

「這次沒我的事，我只是幫我們經理而已。」程宇搖著手拒絕採訪。

記者們轉向門神。

「……還好我在軍中學過擒拿術……是很驚險……」

門神的臉上堆滿笑容，銅鈴眼不再像銅鈴，門神也不再像門神了。

從這天開始，環亞銀行所有上呈待批的文件，第一個被批核送下來的，總是程宇的卷宗。

解2

怎樣掌握辦公室裡微妙的關係？

打嗝的鐘馗

打嗝的鐘馗，肚子裡有鬼；
不該說的話，說了就倒楣。

「楊主任，坐這桌吧！」蓄小鬍子的孫秘書大聲叫住了往前走的楊主任，新春聯誼會的氣氛隨著音樂的播放漸漸濃了起來。

楊主任停下腳坐在孫秘書旁邊的位子上，還沒來得及說句話，司儀就透過麥克風抓住了全場焦點：「今天是同仁們的新春聯誼會，同時進行卡拉OK大賽，總經理指示，今天不分長幼老小，大家盡情歡樂。所以，請大家好好把握機會，有冤的報冤，有仇的報仇。」司儀的幾句話引起哄堂大笑，一下子就炒熱了場子。

「來！咱們喝酒！」孫秘書打開一瓶酒，爲每個人斟上一杯。

兩大盤紅通通的蝦兵蟹將已不再耀武揚威，楊主任伸筷夾了隻大蝦：

「這蝦看起來還眞新鮮啊！」

孫秘書故意做出嗤鼻狀：「新鮮有個屁用，死後才大紅特紅！」

對於孫秘書的幽默，在座的同事哈哈笑了幾聲，捧場的味道濃厚。楊主任低頭吃蝦心想：「是啊！誰像你那麼神，現在就是總經理面前的紅人！」

台上的卡拉ＯＫ比賽進行得如火如荼，男女唱將們手持麥克風隨著音樂節拍引吭高歌，不時還表現一下扭功。

「莊成！養兵千日用兵一時，你上去爲我們業務部爭光！」鄰桌忽然起了一陣喧嚷，孫秘書抬眼看了看，那桌坐的都是業務部門的同事。

看起來酒酣耳熱的莊成，在同伴們的吆喝下，藉著酒膽走上舞台唱歌，他的歌喉確實還不賴。

「平常我老是覺得這莊成看起來沒精打采的，是不是有病呀？」孫秘書瞇起雙眼看著台上的莊成。

「他哪有病！唉！這年輕人有難言之隱。」楊主任感嘆。

「什麼難言之隱？」

楊主任警覺地住口：「沒什麼，喝酒！喝酒！」他端起酒杯敬孫秘書。

孫秘書啜口酒，卻不鬆口地追問：「不會有什麼不可告人之事吧！」

「哪有什麼不可告人的事呀！只不過在外頭兼了份差。」楊主任一急脫口而出。

「兼差？我們公司規定不可以兼差的呀！」

「這……」楊主任說溜了嘴，只好講得詳細點兒：「他也是逼不得已才這麼做，家中弟妹還小，唯一能工作的爸爸又病了……」

「咯……喝酒！喝酒！」孫秘書一個飽嗝中斷了楊主任的話，他忙著和大家喝酒，莊成兼不兼差好像沒這麼重要了。

楊主任一進辦公室就覺得不太對勁，擦身而過的同事們都冷冰冰的，不像過去嘻嘻哈哈地打招呼。他坐到自己的位子上正在納悶，助理小許捧著一堆文件過來分發給大家。

他忍不住問：「小許，今天大家怎麼怪怪的？」

「你不知道？」小許的臉上沒有笑容，瞅著他反問。

他搖搖頭。

「總經理要莊成走路呀！你怎麼會不知道？」小許這話有玄機，好像楊主任是裝作不知道。

「什麼？我眞的不知道啊！爲什麼要他走路？」楊主任幾乎跳了起來。

小許見楊主任看起來不像是在演戲，於是說：「上面說他兼差違反了公司規定，所以要他走路以儆效尤，還說……還說這事是你告訴上面的。」

「我告訴……」楊主任吼了幾個字就停住了，新春聯誼會上孫秘書打飽嗝的影像忽然浮現腦海。

沒錯啊！是楊主任告訴「上面」的，只不過，中間透過一個隱形人孫秘書。莊成走的時候連過來和楊主任打個招呼都沒打，楊主任很難過想找他談談卻又不知說什麼才好。

從這一天開始，楊主任在辦公室坐也不是站也不是，痛苦極了，他覺得自己就像古時黥面的犯人，臉上刺著「告密小人」四個大字。

「不成，這樣下去我也做不下去了。」楊主任沒心情工作，抱著頭思索。

他會怎麼做呢？

【順思迷關】

告密，是這篇的主題。告密和洩密不盡相同，告密有主動、蓄意的意思；洩密主要是一種不經意流露出秘密的舉動，當然或許也會有蓄意的成份隱藏其中，那就是陰謀了。

在一個團體之中被人認爲是告密份子，那是很嚴重的事，不管你有再好的人緣，都會因此而斷送。

其中有些矛盾的地方，上層主管爲了要管控企業，必須要有密報份子成爲自己的左右手，而基層人員則時時注意有哪些「紅人」會出賣自己。在這種奇怪的結構中，最爲難的是中層管理者，他們得要選邊站，不是倒向上級成爲衆蝦兵蟹將的活靶子，就是倒向基層使得上級覺得他們無法被重用。

在這之中，還衍生出一種「兩面人」，這種人左右逢源，既不得罪人也不令人失望，因爲他們很技巧地運用別人當替死鬼，自己則躲到一邊成爲隱形人。

【反思闖關】

其實，不必矛盾也不必爲難，因爲大家都能理解這是人性，所以中層管理者只要事先和兩邊做好溝通，問題就不會擴大。

比方說，某位職員老是遲到早退，糾正他是管理者的責任，這時不妨事先對他撂下話，說如果他再不改，要是上層問起來，自己可罩不住他得全盤托出了。

反過來，事先和上級溝通：有些事情不能說出來，請上級一定要諒解；或是當著衆人，表面上必須幫著基層講話，否則以後無法帶兵。我相信，睿智的高層主管必會贊同這種說法。

讓告密的行爲事先曝光，秘密不爲秘密，這時大家都無話可說，居間者也不會兩面不是人了。

對於那些與本身職責無關，專以告密手法討好上層的小人來說，給他些教訓讓他吃力不討好，這倒是偃旗息鼓的好方法。

請繼續看看上面故事裡的楊主任會怎麼做。

一天中午用餐時分，楊主任很巧地在大門口碰到了孫秘書。

「孫秘書！一起吃飯吧！」楊主任由後頭喊了聲。

「好，」孫秘書等楊主任趕上來，像是試探似地問：「最近忙啊？」

「還好，」兩人並排走著，楊主任說：「唉！接下來只怕更忙嘍！」

「更忙？」

「哎呀！我又多嘴！」楊主任發現又說溜了嘴，揚起手打了自己一耳刮子。

這個動作使得孫秘書更懷疑了，他不耐地追問：「到底是什麼事嘛？大丈夫別像個娘們兒似的好不好！」怕楊主任不說，他又加了句嘲諷的話激他：「是不是莊成離職把你嚇壞了啊？」

「笑話，有什麼好嚇的！該說的就說！」楊主任挺了挺胸：「我們的資深工程師被挖角了，他們連辭呈都寫好了放在抽屜裡。」

「眞的？」

「嗯，大家都知道只有你不知道，不相信待會兒問別的同事！」楊主任蹙起了眉頭：「聽說，有些產品製作機密也鎖在抽屜裡。」

孫秘書愈聽愈緊張，緊張中似乎還帶著點兒興奮：「你說的是哪幾個人？」

「到了！我們進餐廳再說。」楊主任邊說邊跨進餐廳。

「孫秘書！你過來一下！」總經理按內線電話。

孫秘書才踏進總經理辦公室，總經理就責問他：「這到底是怎麼回事？他們都說沒這回事，你怎麼亂說呢？」

孫秘書看看辦公室裡圍坐著的工程師、楊主任及其他同事，然後辯解：「我問過好多人，他們都知道啊！」

在場的人紛紛表示：「我們不知道這件事。」

一位工程師氣沖沖地說：「總經理，好端端地被人栽贓，叫我們怎麼做得下去！」

「孫秘書！你開什麼玩笑！」總經理吼得全公司都聽得到。

大家都說孫秘書不紅了，因爲除了偶爾因爲公事上的需要，他很少再進出總經理辦公室。同事們交頭接耳的時候，他也不像往常馬上湊過去，倒是能逃多遠就逃多遠！

連環套裡的小世界

說它複雜，其實很簡單；
說它簡單，卻又很複雜。
這個環圈，套那環圈；
找到竅門，解開不難。

「我在學校學的就是企業管理，她一個化工系的，還指揮這指揮那的，什麼德性！」陳麗見楚經理的裙襬消失在走道的轉彎處之後才開炮。

「哎呀！誰叫妳不早生幾年哪！如果妳先進公司，那個經理位子就是妳的了，哪輪得到她呀！」小宋半拍半諷地說。

「哼！那還用說。」屁股一撅，陳麗坐上一堆電器零件旁邊的高凳子：

「我告訴你們，那女人厲害極了，別看她平常不吭不哈的，可一肚子壞水。

我們進公司這麼久了，她爲我們爭取過什麼福利？」陳麗的火炮力道不小。

一位同事點點頭同意她的說法：「是啊！做主管的就該爲我們爭取福利。」

陳麗見有人附和，嗓門扯開了：「福利是爭取了，是爲她自己爭取的。有她壓在上頭，誰都別想出頭！妳們看她平日搽胭脂抹粉，打扮得花枝招展的，搞不好裡裡外外拿了不少好處哩！」

「噓！別說了，她過來了。」眼尖的小宋瞧見楚經理的身影，慌忙知會陳麗。

自認爲科班出身卻虎落平陽的陳麗，打心底就沒把楚經理給放在眼裡，從小跟著兄姐長大的她沒什麼安全感，總覺得自己出不了頭是別人的錯，再加上因妒生恨，所以楚經理的舉動言行，都成了她猛烈抨擊的焦點。

女人總是敏感些，楚經理漸漸感覺到陳麗的敵意，她不想讓這種情緒影響到工作，決定把話挑明了說：「陳麗，我不知道妳對我個人有什麼不滿，其實有什麼誤會可以直說，別影響到工作。」

「我說過我對妳不滿了嗎？妳怎麼可以亂講！」沒想到陳麗居然爆發了怒氣。

楚經理也動了肝火：「妳別以爲我不知道，每天在我背後嘰嘰咕咕的，明人不做暗事，有什麼話請當面講！」

陳麗的臉脹成了豬肝色：「妳這『明人』也高明不到哪兒去！」一句話說完，她把身子一扭就走了出去，留下楚經理一個人生悶氣。

沒多久，公司上下都知道楚陳之間的火線點燃了，有人勸陳麗識時務者爲俊傑，卻被她一句話頂了回來：「哼！此處不留娘自有留娘處，怕什麼！」

有人勸楚經理別跟屬下鬥氣，反而被她埋怨：「你們向來聽她胡說八道，不和我站在一條線上！」

既然兩邊都說不通，大家乾脆抱著看熱鬧的心情，看看事情怎麼發展。陳麗的辭呈終於遞上來了，大家都說她把話給說絕了所以不得不遞。楚經理很快就簽准了她的辭呈。

ɞɞɞ

「小宋，這些貨爲什麼還不送出去？」楚經理指著倉庫裡一堆電器品問。

「經理，維信的採購說他們的貨還沒有銷完，先不進貨。」

「不會吧！現在外面的景氣持平，照以往來說早該進貨了。」

一位業務說：「我昨天去他們每家連鎖店看了一下，發現他們進了好多別家同級產品。」

「有這種事？我去找他們經理談談。」

「聽說他們經理要退休了，最近不太管事，現在是小鬼當家。」小宋說。

「好，就幫我約負責的小鬼。」

小宋摸了摸鼻子回答：「經理，那小鬼是妳認識的人。」

「我認識？誰啊？」

「陳麗。」

☙ ☙ ☙

國內最大一家電器連鎖店不正常進貨，使得楚經理這個部門的業績一下子滑落了大半。雖然先後派了好幾個人去協調，但還是成效不彰。

小宋說的好：「看來公司要發生地震了。」

確實發生了地震，震度還不小。業績下滑；總經理發了脾氣；楚經理遞出辭呈；她離開了公司。

地震就這樣平息了嗎？不，還有餘震哩！

【順思迷關】

記得小時候玩耍，在臉盆裡面裝些肥皂水，拿根空筆管兒，在水面上輕輕一吹，就吹起一些泡泡。再用手一撥，這些泡泡各自漂浮，可是在臉盆的某個角落，總有些泡泡會遇到泡泡，這時又結合在一起了。

這些泡泡就像連環套的環圈，而臉盆就像職場。

就是因爲連環套，所以這個世界很小，不期而遇的事情經常會發生。做主管的在某個環套中可能成了下屬，做人屬下的機運到了，可能飛上枝頭成了鳳凰。在職場之中，什麼事情都有可能會發生，所以什麼事情都不要做得太絕。

包容性大的人，就是在爲自己鋪條寬廣的後路；心胸狹小的人，與人窄路相逢時就無路可走。

【反思關】

主管和下屬的關係最好是處在「要黏又不太黏」的狀態，釋放出親切和友善，努力培養彼此的友誼，但是同時也得維持一些無形距離，做爲工作上的緩衝。

主管埋怨自己的屬下不好，其實並不能帶給他什麼好處，因爲高層在檢視那名屬下是否眞是這樣的同時，也會懷疑到主管的帶人能力。

屬下對主管不忠誠更是不智，拿石頭砸自己的腳，把路給走絕了，最後也只好另覓他途另起爐灶。

請繼續看看這連環套中的世界有多小。

◎◎◎

「哈！陳麗，妳眞厲害！她被逼走了。」

「小宋，我告訴過你，這孫悟空跳不出我如來佛的手掌。想欺負我陳麗，門兒都沒有！」

小宋在維信公司的採購部門跟陳麗打哈哈。

「高啊！妳在這裡當家罩得我們動彈不得。現在她離開了，妳可得挺我噢！」

「挺你那是當然！但是我能當家的時日也不多了。」

「怎麼說？」

「唉！我們經理下個月就正式退休了，這裡以後就不是我當家嘍！」

就像陳麗所說，維信公司的採購經理卸任了。新任經理上班的那一天，陳麗打扮得光鮮亮麗，希望能給他個好印象。

「各位，這位是你們部門的經理，」聽到人事主任的聲音，陳麗抬頭一看，腦袋「轟！」的一聲，整個人差點兒從椅子上跌下去，只聽到人事主任說：「她姓楚，楚經理。」

在人事主任的介紹下，楚經理走過來向每個人打招呼，慌亂中，陳麗只模糊地聽到一句話：「噢！這位是老朋友了，咱們可眞有緣啊！」

第二天早上，楚經理上班時在桌上發現了一張辭呈。

「陳麗，妳這是做什麼？」

「我……」

「來，坐下說話，」楚經理溫和地看著她說：「我原本有兩個工作選擇，但是我最後還是選擇了這裡，妳知道爲什麼嗎？」

低著頭的陳麗望著在大腿上揉搓的雙手，她搖搖頭說：「不知道。」

「在哪裡跌倒就要在哪裡爬起來，做爲一個主管會讓妳起反感，就是我的能力不夠，不配當主管。所以，我選擇了這裡，希望能夠和妳再做同事從頭來過。除了同事之外，這回我一定要努力和妳成爲好朋友，我相信這並不困難。」楚經理說得很誠懇。

陳麗抬起頭來看看楚經理，似乎想要瞧出她的話是不是出自真心。

楚經理故意皺皺鼻子調皮地說：「再說，我們倆這麼有緣，搞不好哪天又套到一塊兒難解難分了，乾脆我就先湊過來算啦！」

陳麗忍不住「噗哧」一聲笑了出來。

楚經理在辭呈上用紅筆大大批了個「不准」二字，然後當著陳麗的面扔進了字紙簍。

解3

緣隨心生，用心創造對人對事的好緣

豪華遊輪上的故事

學學那蓮花吧！
用心把長莖伸入空中，隨著蜂兒高瞰；
學學那蓮花吧！
用心脫離那淤泥污穢，和蜂兒結好緣。

「Ms Rotterdam」六萬多噸龐大的身軀躺在海面上，驚濤駭浪對她而言只不過是搔搔癢而已。這個豪華遊輪光是客艙就有十層樓高，裡面可住上一千多位遊客。

雅楓花了許多積蓄上這條船的原因其實很簡單，只不過是爲了暫時逃入一個沒有煩惱的世界裡喘口氣。做人容易做事難，她覺得自己已經耗盡了氣力，去對抗一個豺狼環伺的都市叢林。

第一天下午，跟隨戴著白手套的侍者進入艙房之後，她就蜷縮在被窩裡一覺睡到第二天清晨。剛睜開眼的剎那間，還搞不清楚自己是在哪裡，直到窗外分不清是天空還是海水的一片藍映入她眼裡，這才一躍而起。

她起得很早，甲板上只有水手忙碌著。

「小姐，早。」一位黝黑的水手露出了潔白的牙齒。

「早，在這裡散散步眞舒服啊！」

「是啊！妳如果來回走五趟就等於走了一英哩。」

「是嗎？」忽然她跳了起來，指著遠處海面說：「海豚！海豚！」黑臉的白牙又露出來了：「牠們常跟著船，不久妳還會看到鯨魚。」

「鯨魚，那倒栽蔥式的表演從前只有在銀幕上能看得到，沒想到這會兒能和牠一起同遊大海，多妙啊！」她邊走邊想，任由海風輕輕撩撥她的髮絲。

◎ ◎ ◎

運動之後洗了澡，她拿本書躺在甲板的躺椅上，嘴裡還嚼著三明治。冷不防，有人由後方將躺椅一推，她雖然人沒跌下椅子，可是手中剛拿起的一杯橘子汁卻潑了滿臉。

她抓起毛巾擦臉，氣憤地轉頭查看，卻見一個大約十歲的男孩，邊笑邊捧著肚子逃離現場。隨之而起一聲厲喝，一位老先生像老鷹抓小雞似地攫走了這男孩，只對雅楓丟下歉然的一瞥。一切發生得太突然，她還來不及思考是怎麼回事就結束了。

再度碰到這小男孩是在隔天下午茶的時候。若說吸引雅楓走入下午茶房間的是琳瑯滿目的點心，還不如說是那悠揚的四重奏。雅楓拿了幾塊點心和一杯咖啡坐了下來，靜靜聆聽優美的音樂。

「喂！你這小孩怎麼在這裡亂搞？」一個侍者看樣子是氣極了，原本佈置精美的餐桌一角，居然點心散落桌面，蓄意被潑灑在桌面的咖啡四處竄流。

老人又出現了，一句話沒說，攫起了男孩就往客艙走。

雅楓擦擦嘴，好奇地跟在他們後頭進入客艙。

「你又給我惹事！看我不揍死你才怪！」老人打得辟哩啪啦，男孩哭得唏哩嘩啦。

雅楓把耳抵著門靜靜聽了一會兒，本想敲門卻又覺得不妥，她在門口等到男孩只是抽噎時才離開。

「這男孩到處惹人嫌，眞不得人緣！」雅楓倚著欄杆看夕陽時心想：「還說男孩呢！我還不是到處惹人嫌！」她輕輕搖了搖頭。落日餘暉灑落海面，爲海波鑲上了金邊。海上看夕陽和在岸上就是不同，因爲好像隨手可以捧起滿滿一把金光。

♋ ♋ ♋

「咦？你也在這裡。」一天上午，雅楓忽然想吃冰淇淋，於是走到船上的冰淇淋吧拿了個薄荷甜筒。綠色冰屑在舌尖軟化滑入喉嚨之際，她看到了男孩。

男孩正舔著一個特大號甜筒，見到雅楓對他說話拋了個白眼兒。

「我們倆有緣，走，我帶你去玩賓果遊戲。」雅楓扔下句話就往外走，眼角瞥見男孩遲疑了一會兒才跟上來。

她跟這男孩能結下什麼緣呢？

【順思迷關】

讓我問你個問題，你會不會有時候也想像雅楓一樣，逃入一個與世無爭的桃花源裡，讓自己喘口氣？

我想或多或少每個人都有這個需要。最好是不必「逃」，讓四周環境自動變成桃花源，永遠在裡頭快活自在，但是，你我都知道這是不可能的，有人在的地方就有七情六慾，有七情六慾就會有紛爭，這是免不了的。

只是，你絕對可以創造出自己的一片快樂天地，只要你用心。

學學那由污泥中先伸出長莖來的蓮花吧！她努力向上伸展，爲的是遠離污穢；爲的是與蜜蜂結下好緣。因爲她知道如果污染了就沒有蜂兒願意理她了；因為她知道在離水面太近，魚兒隨時會蹦出水面覓食的地方，絕對和蜂兒結不下好緣。

蓮花很用心，所以她常結好緣。同樣的，只要你肯用心，絕對也能結下對人對事的好緣。

【反思闖關】

雅楓是用什麼法子來創造她的好緣呢？她很自然地隨著男孩小傑的感覺走，不給他壓力也不勉強他。

這的確是創造好緣的方法。觀察別人的需求和感覺，然後跟著他，去感覺他所感覺到的一切事情，最後，還給他一個自由空間做出選擇。誰不願敞開心房接受這種善意呢？

除了用心經營個「好緣」之外，更要避免它變質成為「惡緣」，這樣才不會時時想要找個桃花源躲一陣子。你說是嗎？

請繼續看看雅楓創造了什麼好緣。

ⓞⓞⓞ

男孩玩得開心極了，他全神貫注在遊戲上，並且不時哈哈大笑，雅楓發現一旦他的精力有地方發洩，就不會惡作劇了。她帶著男孩來到甲板上的戶外燒烤區，向廚師各要了一份墨西哥脆餅和義大利麵，兩人開懷大吃。

「你叫什麼名字？」

男孩搖搖頭不肯說。

「那位老先生是你的什麼人啊？」

男孩只簡單說了句：「他是我爺爺。」

吃完飯後，雅楓見男孩又無聊得直踢鞋尖兒，於是說：「走，我帶你去跳舞。」

男孩的眼睛睜得大大的，眼中盡是新鮮和好奇。

她帶著男孩踩著零亂的舞步在舞池中旋轉，兩人嘻嘻哈哈開心得不得了。男孩的爺爺出現了，若有所思地看著他倆。

「小姐，謝謝妳，他沒帶給妳麻煩吧？」爺爺說。

雅楓搖搖頭笑了笑說：「只要我不認爲他麻煩，他就不會是個麻煩。」

「我叫小傑。」男孩牽著爺爺的手離開時忽然說。

ෆෆෆ

小傑和雅楓約好了，下次靠岸觀光時要一起同行，爺爺自然也跟著他倆。

異國風光除了處處是驚奇之外，還讓雅楓十分感動。

坐在岸邊的咖啡館，她要了杯卡布奇諾，抿了口香甜的泡沫之後對爺爺說：「在走出井底之後，才發現自己是個井底之蛙，太狹隘的眼光只會讓自己受罪。」

爺爺也有點感嘆：「是啊！我活了大半輩子，還是跳不出自己的井底。」

雅楓看看跑到一邊去玩的小傑說：「他的父母在忙嗎？」

「唉！」爺爺忽然輕拭眼角說：「半年前都在一次車禍中去了，這孩子受到打擊全走了樣，學校老師管不住他要他轉學，我煩得不得了，只好帶他出來散散心。」

雅楓難過地看著小傑，一句話也說不出來。

「可是，我發現妳和他相處得很好。」爺爺把話題一轉，刻意改變一下氣氛。

「我從他身上學到了許多東西，過去我和同事們相處得不好，總覺得大家天天勾心鬥角，背後隨時都有個冷箭高手瞄準自己，這種日子過得很苦惱，」雅楓笑著說：「現在才發現，好緣是要自己去創造的，只要有心，就能創造好緣。」

小傑回到座位上，爺爺摸摸他的頭問雅楓：「妳是怎麼去創造的呢？」

「爺爺，只要跟著他的感覺走，就能夠創造好緣。」雅楓說得十分肯定。

爺爺若有所思地點點頭。

八天七夜的船上假期結束了，小傑依依不捨地和「船上的大姐姐」告別，兩人還互相留下電話，相約以後再見面。

雅楓回到了工作崗位。

「喂！幾天不見，妳怎麼好像變了個人，整天笑嘻嘻的？是不是在船上遇到桃花了呀？」一位女同事也感染了她的快樂，摟住她的肩說。

「嗯，是個小桃花，」雅楓故作神秘：「告訴妳，我現在心情好極了，正在到處創造我的『好緣』。」

「別得意啦！老總找妳哩！八成是看妳玩了好幾天，給妳做做收心操！」同事說。

雅楓一聽伸了伸舌頭，忐忑不安地往總經理辦公室走去。

「林小姐，看樣子，妳這趟海上之旅滿愉快的。」總經理笑咪咪地說。

難得見他一展笑顏，雅楓更加不安了。

「我剛才接到一通電話，是我們最大的客戶富甲公司的董事長打來的，他要我好好照顧妳，還要請妳這星期日上他家吃飯，謝謝妳照顧他的孫子。」

「孫子？小傑！我們還眞有緣啊！」

雅楓不但將吊著的一顆心完全放下了，笑容也由臉上的每個毛細孔中緩緩綻放。

穿小鞋的大腳

打不開格局，就闖不出一片天，
放不下身段，就佔不了一分地。
穿小鞋的大腳，只是自找難受。

「老李，請你幫幫忙多下點兒通告，觀眾都快忘了我啦！」吳如眉手上抱著白色小博美犬，噘著嘴對戲劇節目的李製作說。

「盡量！盡量！」正忙著的李製作嘴裡胡亂答應著。

待吳如眉走遠了之後，李製作對身邊的同事說：「當初紅的時候，跩個二五八萬的，想和她多說句話都得忍受她一臉的不耐煩。這會兒不紅了，天天到我們這兒來蹭啊蹭的，也沒人願意理她了。」

「她的脾氣很壞？」這位新來的同事對她不太了解。

「不是壞，總覺得和大家格格不入，中間有段距離。是那種沒法有進一步交情，只能做點頭之交的那種人。」李製作解釋。

李製作見吳如眉到每個辦公室晃了一圈之後又走回來了，於是住了嘴。

ᘓ ᘓ ᘓ

「如眉，妳不要無理取鬧好不好？」吳如眉的男友皓志大聲說。

她一聽這話更潑辣了，把茶几上放著的點心全推到地上怒吼：「什麼無理取鬧！你也不過是跟其他人一樣勢利眼，這會兒我不紅就嫌我了，對不對？」

「妳這說的是什麼話，妳不紅要怪妳自己不長進，別怪我！」皓志揚起眉來反唇相譏。

「你這混蛋！」皓志一句話好像把她的傷口撕裂得更大了些，她跳了起來，像隻受傷反撲的獅子，把看得到的東西都拿起來往皓志身上砸。

皓志閃過襲擊，奪門而出。門「碰！」的一聲在他身後關上，吳如眉氣極敗壞地癱在地上嚎啕大哭。

「天啊！這到底是怎麼回事！每個人都背叛我！」她握緊拳頭搥打著地板。

ᘓ ᘓ ᘓ

「吳如眉吞安眠藥自殺了！」街頭巷尾傳播著這個消息。

醫院裡裡外外擠滿了新聞記者，鎂光燈一閃一閃的。她虛弱地躺在病床上，她的家人堵在門口，極力請媒體記者不要打擾病人。

臉色蒼白得像張紙的吳如眉勉強睜開眼睛，映入眼簾的是個秀麗的臉龐。

「還不舒服嗎？」這是位護士，她用手撥開如眉眼睛上的髮絲，很溫柔地問。

她還是迷迷糊糊的，護士見她蠕動嘴唇，於是把耳朵湊到她的唇上。

「妳是天使嗎？」她問。

第三天，吳如眉的氣色好多了，當護士拿藥來的時候，她已經能坐起來了。

「妳就是那位天使？」

護士笑著回答：「我姓徐。」

「徐小姐，謝謝妳。」

「妳的家人不在，要我陪陪妳嗎？今晚剛好我的病人不多。」徐小姐坐在床沿上把身子微微前傾，顯得更親切了。

「妳認爲我很傻嗎？」

徐小姐搖搖頭：「如果我是妳，在相同的感受下或許也會做出傻事來。」

吳如眉嘆了口氣：「唉！這是不對的，這麼做只是在掩飾我的失敗，對事情並沒有幫助。」

徐小姐點頭同意。

忽然，一陣鎂光燈閃爍，把她的眼睛刺得幾乎張不開來。兩個男人衝了進來，其中一個人把肩上的攝影機對準了她，另一個蠻橫地把麥克風抵住她的下巴：「吳小姐，我們是××電視台記者，請問妳是不是爲了感情白殺？」

吳如眉被這突發事件嚇住了，張口結舌不知該怎麼辦。也同時嚇了一跳的徐小姐忽然把身子一斜，擋住病人，接著把病床四周的布帘拉上，硬把這兩個記者給擠了出去。

徐小姐走出布帘冷冷地說：「對不起，我正在爲病人做護理工作，外人不得在場。」

那記者狡猾地往沙發上一坐：「沒關係，我們可以等。」

「先生，」天使的臉上鋪了層冰霜：「訪問可以，但是請把您的名片給我一張，如果出了事情醫院會找您！」

記者有點兒摸不著頭腦：「找我？」

「據我所知，病人現在不宜再受刺激，萬一出了事，醫院負不起這個責任，當然要找您負責。」徐小姐口氣很強硬。

記者聽了只好摸著鼻子離開。

徐小姐在記者離開之後，把布帘拉開，然後隨手拿了張紙，用簽字筆在紙上寫了幾個大字：「病人不宜接受訪問，如仍堅持請將名片交至櫃台以示負責。」

「這是……」吳如眉問。

「噢！我準備把它貼在門口，這樣妳就不會被打擾了。」徐小姐的笑容又掛上了臉龐。

ෆෆෆ

一天，當徐小姐為吳如眉量體溫時，病房門口出現了一位捧著鮮花的女人，這女人感激地說：「徐小姐，我要出院了，這束花是謝謝妳幫我撐了下來。」

女人走後，吳如眉說：「徐小姐，看樣子妳是大家的天使呢！」

「哪裡！我只不過是在用心創造好緣罷了！」

「用心創造好緣……」在充滿濃濃消毒水味兒的病房裡，這句話也濃得久久不散。

吳如眉有什麼感觸呢？

【順思迷闋】

什麼叫做點頭之交？就是彼此緊關著心裡的門窗，井水不犯河水，八竿子打不到的那種交情。唯一的交集，只是在碰到的時候點點頭笑笑。

你有多少點頭之交？如果點頭之交太多了，那就表示沒有「用心」創造、經營好緣。換句話說，點頭之交只是個開始，接下來要看你怎麼進一步，把這點頭的交情烘焙得熱一點兒，使自己的人際網路上多個支撐點。

但是，當我們不滿自己的想法遭人反對，或是氣惱別人的態度和表現時，彼此之間的「好緣」就在慢慢衰減，一點一滴毫不留情地溜走，直到緣份全盡。於是，最初很用心創造的好緣，就這麼很草率地又被自己給毀滅了。多可惜啊！

有雙大腳就要有大氣魄，放開格局，用心經營每個好緣。別像吳如眉一樣，把雙大腳給裹在小鞋裡，這豈不是自找難受？

用心創造了好緣之後，就要好好珍惜，不管對方是老是少；是男是女；是上是下，你都得要珍惜，畢竟，在多如蟻螻的世人之中，你會碰上他，這機率多低啊！

【反思關】

當一個人願意用心的時候，他就會注意到一些別人容易忽視的小地方。從這個角度去思索，你就知道爲什麼一份適時而到的關心，或是一個貼心小禮物會引起別人的感動了。

因爲，別人沒注意到的你注意到了，別人不關心的你關心了，你說他願意釋出比較多感情給你，還是給別人？

所以，想要把點頭之交變成知己，最好的辦法就是多用點兒心。就像在彼此的友誼上灑上點兒調味料，使它變成更為可口的好緣。

請看看吳如眉怎麼灑上調味料。

出院之後，吳如眉為了要謝謝在她住院期間送鮮花，或是來醫院看她的同事朋友，她親自一一去他們家裡表達謝意。

「是的，我不會再這樣傻了，我不但要珍惜我自己的生命，也要珍惜和你們相處的每一分每一秒。」她表現得很誠懇。

吳如眉開始很用心地和每個人相處，她的小本子上密密麻麻記了一堆人名和他們的詳細資料，像是生日、結婚紀念日、孩子滿月日等等。朋友們在他們的重要日子裡，總會接到來自如眉的一個小禮物。

很顯然的，她在用心創造好緣。她發現當她付出之後，所收到的回饋更多。像是一些有關演出方面的建議，或是朋友們主動幫忙找的好角色。

吳如眉像隻浴火重生的鳳凰，在角色選擇和詮釋上變得更寬廣不說，人也更積極渾身是勁。大家都說她變了。

「生日快樂！」一群朋友在她生日這天齊聚她家。

「如眉，我們要送妳一個生日禮物！」一位朋友神秘地邊說邊打開大門，門口站著的竟然是皓志，她許久不見的男友。

一見是他，如眉花容失色：「你來幹嘛？」眼淚再也止不住撲簌簌地流了下來。

「我……我……」他被朋友給拉了進來。

「我快死的時候你在哪裡？這時候來幹嘛？」如眉很生氣。

「我去看過妳了，只是沒敢進病房。」皓志囁囁地說。

「鬼才相信！」

「眞的，沒騙妳！」皓志急得有些口齒不清：「門……門口貼著張紙條，上面寫著……如果堅持進去就要負責……」

如眉見他那著急的表情，又想到護士徐小姐貼在門上的紙條，忍不住笑了出來，臉上還帶著淚水。

大伙兒也開心了，起鬨把他倆給拉到一塊兒。

如眉接過皓志的手帕擦乾眼淚，看看傻在那兒的他，心裡暗暗發誓：

「皓志，我一定要很用心地創造我倆的好緣！」

解4

表現自己特點、凝聚他人焦點的方法

開花的石榴

石榴不開花，瞧不出特點；
石榴開了花，特點馬上現。
石榴結果，在開花後；
石榴開花，終於紅嘍！

「姚主編，我抄到了一個獨家新聞，絕對精采！」記者張和在電話那頭直著嗓門喊：「你等等我，我馬上回來！」

張和回到報社，花了一些時間寫新聞稿，主編叫人催他催了好幾次，才一邊喊著「好了！好了！」一邊十萬火急地把稿子送到主編桌上。

姚主編只花了幾分鐘看了看，就把張和給找了去：「張和，我知道你是一流學府的中文系高材生，文章寫得好，可是這麼一大篇，登了你的就得擠下別人好幾篇。」

張和一聽有些洩氣：「那您的意思是……」

「刪！寫新聞稿要簡潔扼要，不是叫你做文章。」姚主編把新聞稿丟回給張和。

૭ ૭ ૭

張和是中文系高材生，才從學校畢業不久，他的文章寫得好，這點是要比一般記者強許多，主編改他的新聞稿，不須在文字遣詞上費腦筋，但是經常會刪他的稿子。

在採訪新聞這方面，說實在的，他並不比其他記者高明，只不過由於文字底子強，再加上很好的邏輯思考能力，所以論述周延解析精闢，在這一方面，除了資深記者之外，報社裡還沒有記者能比得上他。

一次震撼性的新聞事件，張和忍不住又寫了一大篇精采的報導，稿子呈到主編桌上之後，他又照例被叫到主編桌前。

「張和，這篇報導非常精采，可以當做特稿。」主編說得很認眞。

張和忍不住得意地揚了揚眉毛。

「但是，在這裡你是新人，現在就上特稿，可能得要考慮考慮，」主編假裝沒注意到張和失望的表情繼續說：「這樣吧！不上你的名字，不然……」

「不然？」

「不然就刪！」姚主編說的很強硬。

「特稿」登了出來，沒名沒姓。張和看到報紙的時候嘆了口氣。

新人張和難道眞得默默數著饅頭，等到媳婦熬成婆的那一天嗎？

【順思迷關】

現在很流行所謂的「自我行銷」，什麼叫做自我行銷？就是要把自己給推廣出去，讓人接受你的專長和特點。

不論才智如何，每個人都有自己的特點，或是潛在性尚未發掘出來的特點。有些人成功了，因爲他擅長行銷自己的特點。專業管理人才成了主管，因爲他成功地使得決策人了解他的特點；生意人賺大錢，因爲他成功地讓顧客了解他的產品價值；從政人員運用公權力爲民服務，因爲他成功地得到民衆的信賴……在在都與自我行銷有關。

把自我行銷講得簡單一點兒，就是引人注意、說服別人接受你。對於現代人來講，這點必不陌生，有些人把自己打扮得怪裡怪氣，或是危言聳聽，就是在引人注意。但是，似乎不見得這樣就能成功，這就是我在這裡要討論的重點。

表現自己的特點、凝聚別人的焦點，要有方法、有效果。這篇我談「特點」，下一篇就談「焦點」。

想讓人「驚鴻」，除了你必須眞的是隻鴻雁之外，也要說服別人你是隻鴻雁。

這說服的過程就是行銷。很多人認爲行銷工作必須能說會道，我和妻從事行銷工作多年，非常了解一個成功的行銷人員，眞正的利器並不是他的嘴巴，而是他的頭腦。你必須有個很有彈性的頭腦、靈活的思維，才能行銷好自己或是商品。

【反思關】

上面故事中，姚主編明知張和寫了篇好文章，但是不肯用他的名字，理由只是他是個新人。一個有才氣的新人，即使吸引來別人的目光，但是當別人把「才氣」和「新人」相較時，顯然「新人」的份量往往較重，自動把「才氣」打了折扣。

這些毫無道理的障礙，就是在自我行銷過程中，必須努力克服或者避開的地方。

一個人的特點愈新奇、愈與眾不同，就愈能吸引別人的目光，可是其中有個致命點——一旦過份曝光，它就會見光死。行銷之路上的障礙會殺死它，當標新立異的目的被看穿了之後，也會讓它壽終正寢。

這就談到了我要說的重點：自我行銷時，要妥善「隱藏」自己的行銷動機和目的。讓別人自動去發現你的特點，遠比強要別人接受它更能打動人心。

請繼續看看記者張和的自我行銷。

◎◎◎

報社一名記者揭發了一個政商勾結的弊案，沒想到引起軒然大波，被人具狀告上法院，記者和總編輯都成了被告。

這事說大不大說小不小，報社被人控告總不是件好事，得要花許多時間和心思去應付這件事情，所以主管們的臉色都很凝重。年輕記者們也一改過去嘻嘻哈哈的模樣，大氣不敢喘一下，免得無端惹來閒氣。

「嘿！這篇讀者投書寫得可眞好！」一位年輕記者拿著當日報紙對張和說。

「噢！」張和正忙著趕稿子，只對記者手上的報紙匆匆瞥了一眼。

對方沒受張和影響，他讀得十分起勁兒：「哈！我敢打包票，這兩天一定會接到更多讀者投書支持他的論點，他寫得太好了。這下，老總鐵會開心了。」

果眞如這位年輕記者所料，讀者紛紛來信支持先前那位讀者的論點，對於報社的所作所爲加以肯定。輿論的支持不僅對報社上下有鼓舞作用，而且影響了告訴人控訴的決心，兩次出庭之後，雙方達成了和解。至於弊案部分則待司法審判。

「宋小姐，老總下了條子，要我們查查最初投書的那位讀者，他要對方的電話號碼好親自謝謝他。」姚主編把這任務交給助理。

這不難查，因爲報社規定讀者投書必須提供眞實姓名、電話和地址等。助理很快地就把那位讀者的姓名和電話找了出來呈給總編輯。

「喂！請問張祥先生在嗎？」總編輯撥電話給這位讀者。

「我就是，請問您是哪一位？」

「我是××報的總編輯，打這個電話是想謝謝你十分精采的投書。」

「投書？」

「是啊！就是三月十日登在我們報上的大作啊！」總編輯翻開報紙找到那篇精采的投書。

「我不曾投書呀！」對方似乎有些搞不清楚狀況。

「你是張祥先生吧？」

「是啊！可是我不會寫文章，你們一定是弄錯了。」這位張先生很堅持。

「是嗎？那……我叫他們再查一下。」

張先生忽然很高興地轉了個口吻說：「不過，我很高興和您通電話，因爲您是我哥哥的老闆。」

「你哥哥？」

「是啊！他叫張和，是你們的記者。」

不久之後，××報定期有個類似專欄的「特稿」出現，署名「張和」。

記者張和呈給姚主編的稿子幾乎沒有再被打回票，因爲長篇人論的部分，都被用在特稿上了。

山頂燈籠高高掛

把燈籠高掛在山頂上，
就高明一點兒。
渴望焦點在自己身上，
就聰明一點兒。

「這學期我們好不容易邀請到鼎國企業的蕭總經理，來這裡上幾堂國際行銷課程，大家應該很高興。」兼任企管研究所所長的余教授，笑容滿面地對企研所學生宣佈。

果然如余教授所料，這個宣告引起學生們一陣熱烈掌聲。新上任的年輕所長帶來一番新氣象，連國內排名第一的大企業，大名鼎鼎的蕭總經理都請了來，學生們的掌聲有一半是給余教授的。

蕭總開課，學生自然是幾乎擠破了頭。

「John，鼎國企業的各種福利待遇是國內頂尖的，發展潛力無窮，能到他那兒做事該多好。」一位看起來很機靈的研究生童子祥對坐在旁邊的同學說。

「還用你說，誰不想擠進去？可是這個企業超難進去的，你知不知道他們企業裡有多少國內外知名大學畢業的博士和碩士？會嚇死你！」John回答。

「不過，」John翻了翻擺在桌上的一疊資料，故意誇張地操著山東腔說句：「俺有備而來，俺有秘密武器，」他拍了拍這些資料：「上課時把這些過去做的個案給抖出來，包管他對我印象深刻！」

童子祥看了看四周，每位同學的桌上都壓著一些資料：「莫非大家的想法都一樣？」他皺了皺眉沒吭聲。

白髮紅顏的蕭總一站上講台，只不過抬抬眼皮把眼光掃向座無虛席的台下，就讓學生們有種震懾的感覺，彷彿那兩道無比銳利的眼神正是衝著自己來的。

國際行銷是一門變化多端，因地、時、人制宜的學問，牽涉到時代背景、人文和環境的因素，所以每一個行銷過程都必須由多角度出發做正反向思考，也因爲彈性大所以操作起來必須非常靈活。蕭總縱橫國際舞台，自然是個中翹楚，他的思路靈敏，這點可從企業經營和閒暇時的圍棋功夫上看得出來。

企研所的同學們確實都是有備而來，「備」的不但是一顆積極想獲得青睞的心，而且還有各種新穎的問題及論點。上課的時候大家把兩眼緊盯著蕭總，不願錯過他的每句話、每個動作。到了討論時間也把握機會爭相發言，此起彼落的一串串問題，由每個角落拋向蕭總，大家總希望這些問題和論點能加深蕭總對自己的印象。

當然，蕭總今天能有這個地位，手上絕對握有好多把刷子，所以對於每位學生的問題輕鬆接招。一堂課下來，John也把握時間將自己過去研究的個案，半問半答地藉機論述一番，蕭總一個點頭讚許的表情，就可以讓他樂上好半天。

「童子祥，你有沒有發覺蕭總好像很注意我？」下課後，John得意地說。

「這……還好吧！」童子祥似乎不是很同意。

「什麼還好，你該不會是酸葡萄吧！」John搥了童子祥一拳，忽然想起上課的情形：「咦？你今天有些不對勁兒，怎麼那樣沉默？」

「大家都搶著發言，每個人的問題都又多又好，我在想該說什麼才好。」

同學們都同樣優秀，所提的問題自然都一樣好，但是，「如此一來怎麼能使蕭總印象深刻呢？」這個問題一直縈繞在童子祥的心裡，於是他決定一開始冷眼旁觀，再決定該採取什麼行動。

童子祥會怎麼做呢？

【順思迷關】

昨天看報紙，一翻開就看到一枚豎立的雞蛋，蛋的頂端鑽出一隻鉛筆筆頭。仔細一看，這是一則廣告創意比賽的「廣告」。這個圖片沒有用複雜的文句和構圖，就簡單巧妙地表達出「讓創意破殼而出」的意思了。

沒錯，就是這「簡單」和「巧妙」一下子抓住了我的焦點。

一個漂亮女子接到好幾封情書，幾乎每封情書都爬滿了充滿濃情蜜意的詞彙，唯獨其中一封信只畫了一個漂亮的紅心，旁邊加註：愛是用心，不用嘴巴。哪種作法能讓女子印象深刻？

一面牆上有兩個大廣告看板，一個廣告上面寫滿了密密麻麻的字，另外一個則只在中間寫了幾個大字，旁邊空白。哪個廣告醒目？

其中的竅門就在這「焦點」二字。

人腦的容量有限，只能做選擇性的儲存，所以注意力的焦點不能過多。在傳播學上來說，如何凝聚眾人焦點是個重要課題。「轉移焦點」之所以成爲攻防上的戰術運用，也在於焦點無法同時存在很多，一朝被轉移，原來的焦點自然就會被人淡化遺忘。

在自我行銷上來說，焦點是個重點，把別人的焦點凝聚在自己的特點之上，使得別人接受自己，這就是自我行銷。

【反思闖關】

凝聚焦點的作法除了上述「簡單」和「巧妙」之外，還有一個重要關鍵，那就是要巧妙得沒有距離，也就是說想要出奇致勝，這「奇」不能奇得很陌生使人無法接受。

找到別人一向熟悉的事情，付予嶄新的解讀或動作，要比吸引別人注意不熟悉的事情，更容易凝聚他的焦點。而且，更容易讓他接受所訴求的重點。

想要快樂地行走人世，眞的得不時動動腦，要像個高高掛在山頂上的燈籠，讓自己高明一點兒。

請繼續看看上面故事裡的童子祥，怎麼個高明法？

ஞ ஞ ஞ

蕭總是個圍棋高手，這件事大家都知道，他參加正式的圍棋大賽，照片還被登在各大報上。棋譜中詭譎多變的謀略，和軍事上的戰術戰略、商場上的操奇計贏，可說是同出一轍。他潛心於黑白棋子之間，從中磨練自己的思維，操練攻守自如的智慧反應。

童子祥下決心要把握最後幾堂蕭總上課的機會，好好表現一下。

蕭總上課以後連續講了快一個小時，到了討論時間，童子祥很快地根據蕭總今天上課的主題「行銷戰術戰略運用」舉手發言：

「老師，請問一個問題。商場如戰場，一般人認爲行銷戰術戰略運用得好就能出奇制勝、制敵機先，可是我認爲並不一定。」

「怎麼說？」蕭總對童子祥的說法有些詫異。

「就拿最近一次國際圍棋大賽來比喻吧！圍棋也是一種戰術戰略運用，

其中一局，白棋被黑棋切割成四塊，在軍事戰術上來說，黑棋這時應該十分有利，但是在棋盤上它卻沒得到好處，白棋也沒受到任何損失。爲什麼呢？」童子祥說完看看蕭總的表情，他正托著腮幫子沉思。

「繼續說。」

受到蕭總鼓勵，童子祥侃侃而談：「因爲這場棋賽採用日本計目制規則『地多爲勝』。如果是採用中國古棋規則來計算勝負，黑子就贏了，因爲不論唐宋或明清古棋，都必須要扣除眼位，規定『眼位非子』，而日本及現行的一些規定則是『眼位非地』。」

蕭總贊同地點點頭說：「中國古棋計算活子，下棋在求棋子存活，子多就勝，這和軍事理論是不謀而合的。」

童子祥見蕭總聽懂了自己的意思十分高興，接著又說：「同樣的，在行銷上的戰術戰略運用，也會受到牽制，那就是它的遊戲規則，比方說，加入WTO之後的運作，就必須受到許多遊戲規則的規範，市場上、買方和賣方之間，也存在著遊戲規則。」

蕭總的表情逐漸出現一些變化，他溫和地對童子祥說：「那麼你認為該怎麼辦？」

「我認為在行銷上，不但要充份運用戰術戰略，還要努力充實實力，好參與製定遊戲規則，主導市場趨勢。這樣，戰術戰略才有實質效益。」

「嗯，非常好！」蕭總大聲稱讚童子祥，童子祥反而有些不好意思地看看四周，這才發現除了蕭總，同學們似乎不大明白他的圍棋理論。

ଓ ଓ ଓ

童子祥在蕭總的課堂上發言次數不多，可是，每回都以他的圍棋理論加入大家的議題。

蕭總的課到了尾聲，他的時間緊湊，沒法子再為大家上課了，在最後一堂課下課前，他和學生們道別：

「因為時間有限，所以只能把我的實戰經驗濃縮再濃縮說給大家聽，希望多多少少對大家有些幫助。國際行銷並不難，最重要的是必須有個靈活反轉自如的頭腦，祝大家明年畢業後大展鴻圖，我們後會有期，」蕭總頓了頓，看著童子祥說：「童子祥，歡迎你有空來找我下盤圍棋。」

童子祥愣住了，他沒想到才上了幾堂課，蕭總不但叫出了他的名字，竟然還找他下棋。看來，這幾堂課中的棋盤佈局還眞成功哩！

解5

看清人性才工作得快樂又自在

池塘裡的泥鰍

池塘裡的泥鰍，翻不起大浪。
格局狹窄的人，渡不過大江。

「吳主任，這位是新來的儲備幹部簡傑，美國哥倫比亞大學碩士，他很有潛力，就交給你帶吧！」林總把一個氣宇軒昂的青年帶給吳主任，又不放心地對青年說：「如果有什麼問題你可以直接來找我。」

這話有些刺耳，吳主任的臉上雖然掛著笑容，心裡可琢磨著不是滋味：「能有什麼問題呢？直接找你又何必要我帶呢？」

吳主任的應對功夫已經是爐火純青了，心裡愈不滿意，一張嘴就咧得愈開，他笑呵呵地把簡傑帶到他的座位上。

「簡傑，這是我們公司的產品型錄，你先看一下，我再解說。」吳主任把一份型錄放到簡傑的桌上之後轉身離開。

「May I see company's profile?」一句英文使吳主任停下了腳尷尬地站在那裡，因爲他的英文程度不是很好。

簡傑見吳主任沒聽清楚又用中文說了一遍：「我可以看一下公司的簡介嗎？最好是有組織架構。」

吳主任想了想回答：「噢！我這裡沒有，要問問其他部門。」

「Alright, take your time, 找到了再給我好了。」簡傑低下頭，翻开著型錄。

吳主任瞪了他一眼，沒再理他。

ෙ ෙ ෙ

「主任，簡傑這小子做什麼事情連問都不問，剛才客人打電話來說他又把報價單給打錯了。」業務員小許小聲抱怨。

吳主任皺皺眉沒作聲。

這時，在辦公室裡東瞧西看的林總走過來，看了看正埋頭工作的簡傑，然後問吳主任：「簡傑上手了嗎？」

吳主任連忙站起來回答：「他做得好極了！領悟力很高。」他瞥見簡傑嘴角一抹得意的笑容。

林總滿意地點點頭走開了。

「這位是我們的新進儲備幹部簡傑，美國剛回來的碩士，還請各位多多照顧。」吳主任熱心地把簡傑叫進會議室介紹給老客戶。

「美國的碩士啊！青年才俊！青年才俊！」這家國內數一數二大公司的王經理誇讚了一番。

「可不是！聽他說英文就像看外國電影，頭腦也很靈活。」吳主任又捧了一句。

「哪裡哪裡！剛入社會，還請大家指教。」簡傑嘴裡雖然這樣說，臉上卻沒表現出眞希望大家指教的樣子，眉宇之間倒是更添了幾分傲氣。

王經理看看簡傑，忽然脫口而出一句玩笑話：「老吳！你們林總把條鯨魚給養在池塘裡，不怕把人家給憋死啊！我看就讓給我們吧！」一桌人哈哈笑了起來。

「別開玩笑了！讓我們老總聽到剝了我的皮！」吳主任趕緊頂了回去，還拿眼瞅了瞅簡傑。

「看樣子，你們王經理還眞欣賞簡傑哩！」王經理和簡傑談話的時候，吳主任小聲對王經理的屬下宋組長說。

「他眞的能幹？」宋組長問。

「我說過啊！潛力無窮，非常聰明的小子，」他看了看談得很開心根本不把他放在眼裡的簡傑又說：「你們王經理該不會是眞看上了他吧？」

宋組長沒說話，兩人就這麼默默看著他們談天說地。這兩人心裡想些什麼呢？

【順思迷關】

上面的故事要從幾個不同角度去看，你才會了解我所想表達的一些人性弱點，以及由這些弱點所衍生出來的問題。

一開始，林總把簡傑交給吳主任時就說錯了話，成了整個事件的導火線。如果說下層主管做出超越權限的事情，那叫越權，那麼上層主管跳過中階主管往下帶叫什麼呢？那也是越權，越過他已經授予出去的權限。

於是，林總的一句話「如果有什麼問題你可以直接來找我」，就在吳主任心裡慢慢發酵。

簡傑呢？他由美國知名大學拿了碩士回來，可說是學富五車，卻遺忘了咱們老祖宗最基本的教育「滿招損，謙受益」，少了這基本教育，那「五車」怕是行駛不得。

也許你會說爲什麼行不得呢？看起來吳主任並沒有對他那麼不滿啊！還四處對人稱讚他。這就是一般人的盲點，看到一個有稜有眼兒的包子，除非你一口咬下去，否則你絕不會懷疑他的餡兒是酸臭了的。更何況這「包子」笑口常開，對他大加提攜。

看「包子」要用到逆向思維。以逆向思維來防「對己不利的逆向思維」。

【反思關】

這逆向思維是什麼呢？老謀深算的吳主任心中有不滿他會反向操作，否則是砸他自己的腳，在江湖上白跑了。

老莊思想中時時可見逆向思維的經緯脈絡，老子《道德經》上的一句話，很明確地敘述了這個逆向思維：「將欲弱之，必固強之；將欲發之，必固興之；將欲取之，必固與之。」

「想要削弱一個人，必先讓他壯大。」吳主任實踐了這個想法，當著簡傑的面，對每個人稱讚他，這就是弔詭之處：

第一、大家（包括林總）都會認爲吳主任的肚量大、包容力強。

第二、使得簡傑更加自我膨脹，好醞釀情勢的發展。

第三、當高舉簡傑讓他摔下時，不會有人懷疑到吳主任。

至於宋組長，則是吳主任借刀殺人的那把「刀」。想想看，宋組長的上司那麼欣賞簡傑，難道他不會擔心有一天也得和吳主任一樣成天提心吊膽？

所以，當宋組長這把「刀」一祭出，就是簡傑由高處跌下之時。他不僅是跌了下來，還會跌得慘不忍睹，因為林總必定會主動放出他被「扔」下來的訊息，讓別人不敢用他。

生存在這個世界上，除了一般學智技能之外，眞的必須要有個正反向思考非常靈活的腦袋，否則被高舉在半空中，還會像簡傑一樣洋洋得意呢！

請繼續看看宋組長這把刀怎麼出鞘，簡傑又怎麼被人由高空給扔了下來。

「林總，你們那個新來的簡傑很聰明。」宋組長陪林總打高爾夫球的時候說。

「是嗎？要請你多教教他喲！」

「哪輪得到我教他呀！可是，聰明人……」宋組長只把話說了一半就停住了。

「怎麼？你話中有話，就直說吧！」

「我是說，聰明人心眼兒也多。」

「怎麼說？」

「他跟我們王經理很投緣，兩個人談起話來沒我們插嘴的份兒，」宋組長做了個標準的揮桿姿勢：「那天我們王經理說了個笑話，他說您把條鯨魚放在池塘裡，要您乾脆讓給我們，」他收起球桿，像是怕對方不信似的又加上一句：「眞的，那天你們吳主任和簡傑都在旁邊。」

林總皺起眉頭默不作聲。

「吳主任，簡傑做得眞好？」

「他潛力……」吳主任話還沒說完就被林總揮手打斷了。

「別跟我談潛力的事情，你說實話，他最近有沒有出錯？」

「報告總經理，他確實經常出錯。」

「好，還沒滿試用期，叫他明天不用來了，」林總想一想又加了句：「噢！對了，告訴我們的客人，就說此人經常犯錯，沒通過試用！」

連試用期都還沒過，池塘裡的這條鯨魚就變成沒人要的泥鰍了。

蠍子的尾巴旱地的蔥

蠍子的尾巴旱地的蔥，
又毒又辣又凶猛；
心頭的秘密肩上的擔，
不上不下不輕鬆。

「謝主任，這些傳票都做好了，請妳看一下。」才進公司不久的文麗把一疊傳票放在謝主任面前。

謝主任翻了翻傳票，擺出一副很不耐煩的表情：「全都做錯了，重做！」

「可是，」文麗小心翼翼地說：「我以前的公司……」

她一句話還沒講完就被謝主任給打斷了：「以前的公司？妳沒搞錯吧？

妳到這裡來就要照我們的規定做事！」

「小芬！」謝主任邊拿起電話邊朝辦公室外頭喊：「妳進來教她一下！」說完就自顧自地講起電話來了。

文麗就像罰站似的一臉尷尬地站在那裡，直到小芬慢吞吞進來之後才鬆了口氣。

୧୨ ୧୨ ୧୨

剛到一個新環境，難免對許多事不熟悉而有跟不上的感覺，文麗決心用更多時間讓自己上軌道，所以晚上都會撥出一、二個小時加班。

一天晚上，大家都下班回家之後，文麗獨自一個人加班，她埋首在一堆可以讓人昏頭轉向的數字之中。

「小姐，一個人加班啊！」一個聲音使得全神貫注的文麗差點兒由椅子上跳了起來。

她一抬頭，是個斯文的青年。

這青年發覺嚇著了她，很不好意思地說：「噢！對不起，我可能嚇著妳了。」

「你……」文麗說不出話來，也不知要說什麼才好。

「對不起，對不起，我是新人，行政部的。」青年說。

文麗被青年左一句對不起右一句對不起惹得笑了起來，這一笑也就鎮定了許多：「我也是新人，所以加班到這麼晚。」

這句和氣的話打開了兩人的話匣子。

連著一個月，當文麗加班的時候，青年都會進來打個招呼，這對還不熟悉環境的文麗來說，有人說說話算是個安慰，更何況對方和自己一樣是個新人。

♋ ♋ ♋

因爲對環境還陌生，所以很少在這大公司裡走動的文麗，多半都待在自己的小空間裡埋頭苦幹。一天早上，謝主任差她幫忙小芬，到行政部門去取些厚重的帳本回來，經過行政部門的會議室，她發現那青年坐在裡面，不禁由透明的落地玻璃窗多看了青年幾眼。

「妳在看什麼？」小芬發現她的目光盯著青年於是說：「那是我們少老闆。」

文麗心頭一震，她努力掩飾自己驚訝的感覺，只淡淡說了一句：「是嗎？」

文麗加班的時候，青年，不，少老闆又進來了。

「少老闆，你好！」文麗不再像過去一般自然，她故意馬上站起來，面無表情地說。

「妳……對不起，我以爲妳知道。」少老闆說。

「知道什麼？知道你是少老闆？」文麗的口氣不太愉快。

「我剛從國外回來不久，到任的時間還沒妳長，確實是個新人，沒騙妳啊！」

文麗這才舒坦了一些：「好吧！原諒你，我們身份不同，以後你還是少來找我，免得別人看見了說閒話。」

「我知道妳的顧慮，所以在妳加班四周沒人的時候才敢來找妳啊！」少老闆把還捧在手上的一壺咖啡放下，溫和地說：「沒關係的，我們只是說說話，公司又沒規定新人之間不能相互鼓勵，或是吐吐苦水，是不是？」

文麗噗哧一聲笑了出來。

忽然，她聽到些微聲響，往四下裡一瞧，竟然瞧見一個身影由謝主任辦公室旁一閃而過。

「那身影分明是謝主任，爲什麼偷偷摸摸的呢？」當天夜裡文麗失眠了。

她在擔心什麼事呢？

【順思迷關】

要知道文麗擔心什麼，就要先知道謝主任擔心什麼事。

這得從她對新人的態度說起，她以一個主管身份，不把新人看在眼裡，非常無禮地對待文麗。教人帶人是主管的責任，她卻顯得很不耐煩，當新人有不懂或做錯的地方，找個手下往她身上一推，自己啥事也不過問。她知不知道主管應負的責任呢？她當然知道，只是她不在乎。

文麗和少老闆交往的事被她知道了，這時，她還能不在乎嗎？早知今日何必當初，但是再怎麼悔恨當初，也已經來不及了。這個時候，她該怎麼辦呢？難道坐以待斃嗎？

於是，蠍子的尾巴動了，牠要伺機把尾巴上的毒針對準了扎下去，使對方一針斃命。

【反思闖關】

不必急！要對付蠍子的毒針也有方法。

以前當我談到「秘密」的時候，總會說當秘密曝光了就會見光死。不想受制於秘密，你就必須讓它提早曝光，使它不具威脅性。

但是，有個重點，事後曝光，你必須要費許多唇舌去解釋。所以最好的方法，是讓它事前曝光，同時想法讓它變得更光明磊落，不存爭議性。這時，你不但不容易有包袱，而且一旦別人接受你的說法，反而會倒向你這邊。

如果你牽涉的不是秘密，而是有人無中生有想藉機詆譭你，那怎麼辦？當你觀察到這種可能性時，你也要先發制人！最好的方法是去暗示那人長舌的對象，若是有朝一日遭人詆譭時，希望他能夠支持你，給你一個解釋的機會。那人的腦海中存有你先對他說過的話，在接收到別人的誣蔑之詞時，肯定會多思考一下的。

請繼續看下去，參考一下文麗的作法。

文麗看得沒錯，那天晚上瞧見的確實是謝主任。

過了幾天，董事長找謝主任談公事，事情談完了，謝主任還坐在那裡不走，一副磨磨蹭蹭欲言又止的樣子。

董事長覺著奇怪：「怎麼？還有事嗎？」

「沒什麼，董事長，恭喜你喲！」謝主任挺挺身子笑著說。

「恭喜？恭什麼喜啊？」

「您就要有兒媳婦了，當然是該恭喜囉！」

「兒媳婦？還沒影兒呢！老大剛回來幫我……」董事長講了一半忽然覺得不對：「妳聽誰說他要娶媳婦的？」

「是那個『媳婦』呀！她親口告訴我的。」

「媳婦？」

「就是我們部門新來的鄔文麗嘛！她和少老闆每天晚上一起加班，好親熱呀！」

「她告訴妳就要嫁……」一團怒火由董事長心底升起，連聲音都不對了。

謝主任很快地回答：「是啊！她是這麼說的呀！」

「老大！過來！」少老闆才一進家門，就被董事長叫了過去。
「發生什麼事啦？」他很少見到父親口氣這麼嚴厲地說話。
「你到哪兒去啦？」
「在公司加班哪！怎麼啦？」
「跟誰一起加班？」
「這……到底是發生了什麼事啊？」
「是不是有個叫鄔文麗的女孩和你在一起？」
「是啊！她也是新來的，我們有時會一起加班。」
「她對人說，就快成你媳婦了。這是怎麼回事？」
少老闆一聽，忽然笑了起來：「難怪她前天對我說那些話，我還以為她想得太多了。」
「還笑！她說什麼？」

「她說，她不願和我交往的主要原因是，在公司裡難免會引起旁人嫉妒橫生是非，萬一我們的感情被造謠生事者破壞了，那多可惜。所以，她決定暫時先不談感情，工作半年之後，她要繼續讀書，到那個時候如果我倆有緣再說。」

少老闆拍拍董事長的手說：「老爸！如果那天她沒對我說這些話，現在連我也會誤會她了。我看哪！你得好好管管那造謠生事者才行！」

解6

面對困難時請換個角度思考突破之道

民宿屋的打蛋師傅

有困才有難，
陷入了困境就突破；
有謀才有勝，
師傅打蛋各個擊破。

幾個年輕人背著背包沿著蜿蜒的山間小路走下山谷，他們疲憊不堪地拖著雙腳一步步向前走，沒有心情欣賞四周幽美的景致。

「天哪！我累垮了，什麼時候才到啊？」一個甩著兩條辮子的女子邊說邊把毛巾就著山澗弄濕了，然後搭在曬得通紅的脖子上。

「快到了，快到了，」領頭的男子安慰大家，他用袖口擦了擦額頭上的汗珠極目遠眺，忽然很興奮地指著前方說：「你們看！前面山谷中小土丘上的那棟屋子就是采軒居！」

山谷在夏日夕陽的照射下閃爍成了個黃金谷，美的讓人捨不得眨眼。山谷中央有個隆起的小土丘，小土丘居高臨下，把四周美景絲毫不落地全攬入它的視野裡。一棟白綠相間的小屋靜靜地蹲踞在這小土丘之上，一眼望去，這個有著荷蘭建築風味的小屋，和山谷內平凡無奇的農舍似乎顯得很不相稱。這棟小屋就是年輕人此次旅行的歇腳處，由一對中年夫婦開設的民宿屋「采軒居」。

采軒居的老闆是何姓夫婦，兩人非常喜歡大自然，在一次旅行時愛上了這個保有原始自然風貌的偏遠山區村落。幾回流連忘返，何老闆乾脆辭去工作，在這裡買塊地蓋了棟漂亮房子，不但自己住也提供來此旅行的客人餐飲及住宿。

何太太燒得一手好菜，供應的都是城市裡極少吃到的野生蔬菜、小溪裡毫無污染的新鮮魚蝦以及當地人獵捕的山產野味。除了四周的山水美景、山谷裡時而湧現的濃霧之外，采軒居的美食也是吸引客人前來住宿的一個原因。何太太負責廚房工作，何老闆就裡裡外外張羅著，他總是對客人笑稱：「太太是大廚，我負責打蛋，是采軒居的打蛋師傅。」

世居山谷的住民多半從事農耕，因為山谷中的氣溫極為適合花卉和蔬果的栽種，所以在山谷通往城市的唯一一條山路上，時時可看見運輸花卉或蔬果的卡車往來奔馳。

「何老闆，我要透露一個不太好的消息給你。」平時供應采軒居山產野味的邱阿賢是個持有執照的獵人，他鼓著一塊塊古銅色胸肌，把幾隻山雞丟到桌上之後說。

「怎麼？發生了什麼事？」何老闆很少見到樂觀的邱阿賢這麼嚴肅，不禁有些詫異。

邱阿賢把獵槍往桌邊一靠坐下來說：「村裡的農民都對你們有些怨言。」

「怨言？」何老闆不解，他搬來這裡也不過一年，平日忙得沒空去拜訪大家，怎麼好端端會招惹出怨言來。

「是啊！他們怪你開民宿屋帶來許多旅客擾亂了這裡的清靜，而且還有旅客偷拔他們種的花和水果。」

「會有這種事？」

邱阿賢嚴肅地點了點頭：「有人對村長說，他打算不讓通往采軒居的水管經過他的農地。」

一番話使得何老闆蹙起了眉頭。

邱阿賢走了以後，何太太愁眉不展地問丈夫：「你看這件事該怎麼辦？請村長幫幫忙吧！」

何老闆搖搖頭回答：「不，村長不見得能息衆怒，我要想想看。」

濃霧又起，由四面八方湧向采軒居。

何老闆把邱阿賢找了來，兩人喝著酒吃何太太燒的幾樣拿手菜，一個晚上何老闆就把村裡幾個代表人物的背景和個性給調查得清清楚楚。

何老闆遭遇到困難，他會怎麼做呢？

【順思迷關】

從某個角度看，老天爺對天下蒼生絕對是公平的，不管貧或富、貴或賤，每個人都會遭遇到大大小小的困難。既然都會有困難，卻又為何彼此的際遇有所不同呢？

這就談到了我要和你討論的重點——面對困難時應有的態度和方法。

拿上面的故事來說，如果采軒居的何老闆遇到困難退縮，採取歇業或對抗的極端作法，最後不是讓所有投資泡了湯，就是弄得兩敗俱傷。

面對困難時的正確態度應該是樂觀積極的，相信自己能夠把事情圓滿解決，這種態度能使我們的頭腦開竅、智能開放，不會在原地打轉，走不出框框來。

【反思闖關】

一旦碰到了問題，所用的方法必須是要能夠有效解決的，不經大腦有勇無謀的衝動作法並不足取，唯有經過愼密思考後想出的對策，才有可能是高效率解決問題之道。

采軒居的何老闆自稱爲「打蛋師傅」還眞名副其實，因爲他思考後採用的方法就是「各個擊破」。

他事先向獵人邱阿賢打聽村裡抗議民宿屋的代表人物是誰，然後了解這幾個人的背景和個性，這就是有效解決問題的第一步：蒐集資訊。

蒐集資訊後，接下來第二步就是針對問題參照資訊，然後思考解決之道。何老闆針對每個人不同的個性，使用不同的說服之道各個擊破，最後終於解決了問題。

請看看打蛋師傅如何各個擊破。

「李先生你好，我一直沒法抽出空來拜訪你，眞不好意思。」在邱阿賢的帶領下，何老闆提了隻滷好的土雞來到果農李先生家裡。

何老闆一坐下就以開門見山但十分誠懇的態度說：「李先生，我今天來是想要了解爲什麼觀光客來到這裡會造成大家的不便呢？」

爲人忠厚的的李先生老實地回答：「這裡原本是個很純樸乾淨的地方，大家互相認識，夜不閉戶，現在大量觀光客來到這裡搞得亂七八糟，我們果園的水果也常遭人偷拔，你說，這裡的住戶會高興嗎？」

「李先生，你說的對，確實讓大家爲難，可是反過來想想，如果能夠好好利用這種情勢，讓觀光客帶動地方上的繁榮不更好嗎？」

「怎麼帶動？」李先生是講道理的人，他心平氣和地想多了解一些。

「觀光客採果只不過是好奇，乾脆就開放給他們採，你想想看，如果把部分果園開放，讓觀光客來採果再收取費用，只要控制得好，你省了產銷運輸費用可能賺得更多哩！」

何老闆把開放觀光果園的計畫仔細說了一遍，采軒居會配合果園收成的季節，對外廣告宣傳，並且有秩序地把觀光客帶到果園裡等等。

李先生聽得直點頭。

⑥ ⑥ ⑥

離開李家之後，邱阿賢帶著何老闆去找花農林先生。黝黑高大的林先生不但身材壯碩，嗓門也大，看起來就是一副壞脾氣的樣子。

何老闆遞上帶來的滷雞，他連看都沒看一眼，甭說道謝了，何老闆只好把禮物放在桌上。

「你不用想說服我，我堅決反對把觀光客帶來這裡弄得烏煙瘴氣！」滿腔怒氣使得林先生看起來就像個隨時會點燃冒煙的黑煙囪。

何老闆一改之前的態度，他的口氣也很強硬：「我不是來說服你的，你們的煩惱我知道。不過，現在的問題是我正在考慮要不要幫大家改善經濟，還是獨善其身就好。」

「你說這話是什麼意思？」林先生瞪起了銅鈴眼，好像隨時會爆炸似的。

「你認爲我花了許多錢買地蓋房子，難道就這樣歇業讓所有投資全泡湯嗎？」

「那是你的事！」

「對不起，我是絕對不會歇業的。」

「不歇業我就發動全村抗議，而且切斷供應民宿屋的水電。」林先生扯著嗓門喊。

「如果我多花點錢不讓水電經過你們的田地，誰敢切我的水電？」何老闆回答得很冷靜。

何老闆板起臉孔又說：「我原本想要利用引進來的觀光客，協助大家改善經濟，許多村民也都贊同。現在我不想做了，只管自己的生意就好，觀光客不但不能帶給大家好處，反而帶來災害。同時，我要把搞僵了這件事的情形告訴全村人，那時只怕大家都會找到你頭上！」

何老闆說完就離開了林家，留下被嗆得說不出話來的林先生。

何老闆來到開雜貨店的吳太太店裡，這回何太太也跟著來了。

「吳太太，妳這間店開了許多年了吧？」何老闆看了看這間有些破舊的店面。

「是啊！有三十年了，是我爸爸留給我的。」吳太太說。

「如果這個地區繁榮起來，你就可以把店裝潢一下變成小型超級市場，那該多好。」

「我哪有這種命等到那一天。」吳太太撇撇嘴。

何老闆趁機遊說：「這並不難，只要有大量觀光客進來，地區繁榮了就會有許多人移居到這個地方，到那個時候就可以開超級市場了。」

「是嗎？可是觀光客拿著相機隨便跑到我們四合院裡照相，搞得大家雞犬不寧，沒人喜歡過這種日子。」吳太太有些不以爲然。

何太太笑著插嘴：「吳太太的感覺我最了解，最初老何要開民宿屋我一直反對，家不像個家，成天得侍候陌生人。」

「是嗎？妳也有這種感覺？」吳太太有點兒訝異。

「是啊！」何太太點點頭：「後來我才想明白了，從另外一個角度看，我由形形色色的旅客身上學到了不少知識，這是一種收穫，更何況還賺到不少錢。」

兩個女人就這樣聊了起來，由觀光客聊到民宿屋的菜色，又聊到使地方繁榮的方法，大家相談甚歡。

要民宿屋歇業的事沒在村裡再被提起了，反而許多村民經常上采軒居喝杯茶，和何老闆聊聊推動觀光果園的發展計畫。

「起霧了！」一位觀光客坐在采軒居大門口，嘴裡嚼著剛由觀光果園採來的新鮮水果。他瞇起眼觀賞山谷中逐漸泛起的濃霧。除了這個民宿屋大門樑上的三個鮮紅大字「采軒居」之外，一切都朦朦朧朧的。

雞園傳奇

愁眉苦臉，
落雨落雪翻白眼；
獨運匠心，
門前泥土變金元。

「阿強！雞園裡的雞死了好幾隻！」莊阿強的老婆阿香由外而衝進臥房，一句話把還賴在夢境裡的他一下子給拉了出來。

「妳說什麼？」莊阿強用手肘撐住上半身，盯著滿臉恐慌的阿香問。

「唉呀！我說死了好幾隻雞，你快起來去看看啦！」

莊阿強跳下床，急急忙忙往雞園跑去。

現在的人喜歡吃土雞，因爲肉質結實香而不膩，所以莊阿強採取半放養的方式，把一小塊農地圍起來，讓幾百隻雞在裡面自由活動。這幾百隻雞就是他們的老本。

「好不容易把雞給養大，眼看著就要回本了，可千萬別出事！」莊阿強邊跑邊在心裡嘀咕著。

「怎麼了？」阿香著急地問蹲在地上翻看死雞的莊阿強。

他沒理會阿香，抬頭看看四周的雞群。

「這些雞沒精打采的，希望不會是……」阿強這話不像回答阿香的問題，倒像是自言自語，可是下半句卻哽在喉嚨裡半天出不來。

「是什麼？」阿香更急了：「是什麼呀？」

「妳別吵！我得馬上請醫生來看看。」他奔回屋裡打電話給獸醫。

遠在鎮上的獸醫處理好診所的事來到雞園的時候，已經是下午時分了。

問。

「醫生，園裡的雞又倒下去好幾隻，是什麼病啊？」莊阿強紅腫著眼

「雞瘟。唉！這回來勢洶洶，不知道是不是來得及救。」

阿香見醫生一副沒把握的樣子，忍不住哭了出來。

雞園裡的雞一隻隻都倒了下去，夫妻倆無奈地把雞屍堆在一起，幾百隻雞堆疊成了個雞塚。

「你們這群毛頭毛臉的傢伙！知不知道我全部家當都在你們身上啊！」一直默默清理雞園不發一語的莊阿強，終於再也忍不住了，他忽然蹲在地上大哭。阿香走過來抱住他，夫妻倆就這樣抱頭痛哭了一場。

雞塚在熊熊火燄中焚化了，莊阿強使勁兒用掃帚把園裡四處散落的雞毛往火堆裡掃，一張憨厚的臉不知是被燒雞塚的火，還是胸中的一股怒火炙得一片通紅。

「往後怎麼辦？」阿香餵飽了孩子，見莊阿強有一搭沒一搭地用筷子撥著碗裡的米粒，忍不住問：「總不能坐吃山空吧！」

「妳帶孩子先去睡，讓我靜下來好好想想。」

莊阿強眼神呆滯，腦袋裡卻像是有千軍萬馬奔騰。他想到銀行裡只能支撐短期的存款，又想到還必須繼續支付的農地貸款，想到這一段時間所耗費的心血，還想到……一死了之。

「不，我怎麼會有這種念頭！」他敲著自己的頭喃喃自語：「自己解脫了，把痛苦轉移給阿香和孩子不成？這樣想簡直混蛋！」

「但是，」他把臉埋入手掌之中：「該怎麼辦呢？」

雞園裡沒有了雞群的咯咯聲，這個小農場寧靜多了，靜得讓莊阿強聽到自己的心跳聲。他覺得心中好像有個聲音在說：「冷靜下來想想……再想想，你一定會找出條路出來的。」

心平靜了，頭腦也跟著清晰起來，他開始認眞思考如何在這絕境裡找出一條生路。

【順思迷關】

通常遭遇困難時是處在兩種情況下，一種是僅僅接收到警訊尚未有重創；另一種是已經受到打擊陷入絕境。

上一篇是談碰到問題但尚未遭受挫折時，要爭取時間運用智慧積極化解每一個難題，使得它不會惡化成嚴重打擊。

這篇的重點則在探討萬一遭受挫折陷入絕境，這個時候應該如何讓自己絕處逢生，重新再站起來。

即使陷入絕境也千萬別放棄，人生無常，誰也不知道下一分鐘會發生什麼事，柳暗花明又一村的事情經常在地球上的每個角落發生。行走一生，唯一能使自己萬劫不復的是自己的想法。

【反思闖關】

大多數人的思考模式都是順向的，雞園的雞死光了之後，一般人可能都會認爲最好的方法是找些錢再買雞，讓自己東山再起。

反敗爲勝的思維中有幾個思辯性觀點，是我要討論的核心問題。第一、原來的道路曾導致失敗必有其瑕疵，要走回老路就得加以改善。第二、失敗後必定受創頗深，爲了癒合傷口，東山再起的反彈力道必須要更強。第三、爲了兼顧前面兩項說法，所採取的路徑最好不同於以往，但是卻又能利用現有的資源來降低成本。

由現有資源出發，跳脫原有的軌道思考，找出更有效率，反彈力道更大的方法，這是逆向思維，也就是所謂「脫軌突破」的涵義。

請看看雞園主人莊阿強如何脫軌突破。

親朋好友得知阿強的雞園發生了不幸，紛紛前來慰問。

「阿強，振作起來，我借你錢再買些小雞回來養。」好友說。

「不，時間太久了，這不是最好的方法，」阿強不理瞪著他不以爲然的阿香，逕自對好友說：「謝謝你的好意。」

阿香見丈夫每天望著雞園發愣，不明白他心裡到底在想些什麼，看不下去了就嘮叨幾句，可是阿強根本就不理她，只是皺著眉頭想事情。

「阿強，你在做什麼？」一天早上，阿香起床後看不到阿強，她四處找，最後卻在雞園裡見到他拿把鋤頭正在翻挖土地。

「我找到生路了，」阿強顯得很開心：「雞園底下都是黃金，要好好利用！」

「黃金？」

「雞園的土地長期吸收雞糞的養分十分肥沃，如果能夠好好利用這些土地，豈不就像埋了無數的黃金？」

「你是說要種農作物？」

「答對了一半，」阿強笑了笑：「要種高經濟價值的農作物，比方說玫瑰花。」

「玫瑰花？」

「是啊！現在玫瑰花的需求多，價格也高。」

阿強沒讓老婆失望，雞園確實有黃金，但不是挖出來的，是種出來的。肥沃的土地孕育出花朵又大又香難得一見的玫瑰品種，花市裡的批發商不但把收成的花卉全以高價收購，而且還預付訂金請阿強繼續供應這種玫瑰花，

季末結算時，阿強發現所得盈餘竟然要比當初賣雞的利潤還要高，再加上玫瑰花的生長期較短，迴轉得很快，農場的貸款很快就還完了，比當初養雞的計畫要快上一倍。

看樣子，阿強的雞園如今變成聚寶盆了。

解7

行走人世要有進退自如的本事

沒嘴的葫蘆

沒嘴的葫蘆，裝不進去也倒不出來；
沒把握的事，做了倒楣不做也不快。

「葫蘆怎麼會當上總經理的？我眞想不透。」星宇公司的何經理搔搔頭皮，對於公司最近的人事安排有些納悶。

「是啊！這悶葫蘆一向是倒不出來也裝不進去，半天打不出個屁來，能被升上去當總經理是有些奇怪。」鄭經理也一副莫名其妙的樣子。

「這下可糟了喲！」何經理拉長了尾音，表示事態嚴重。

「糟了？怎麼說？」

「大進公司成立以後，你看看他們高總領軍那副所向披靡的姿態，嘖！嘖！」何經理滿肚子的話不吐不快：「我原以爲像我們這又老又大又笨的笨象公司重整人事，是衝著他們來的，沒想到竟然會有這種安排，也不知道董事們是怎麼想的！」

鄭經理嘆了口氣說：「唉！就是說嘛！聽說他們高總要創下國內史無前例的記錄，邀請幾位國際超級巨星來開演唱會哩！現在他們的業務出去，頭可抬得比我們高多啦！」

大進公司的高總的確是高人，居然請到了超級巨星麥坦蘭來開演唱會，這可是唱片界大事，大家三句不離麥坦蘭怎樣怎樣，當然也脫不了豎起大姆指說：「大進的高總了不起啊！」

麥坦蘭到的那一天，機場裡裡外外擠滿了記者和熱情歌迷。激動的歌迷就像瘋了似的，騎上友人的肩頭不說，最後還翻過欄杆、突破保全人員的封鎖線，把攝影記者給撞得七零八落的。短短幾分鐘的路，麥坦蘭走了半個鐘頭。

何經理手上拿著一份報紙，塞滿了麵包的嘴含糊不清地說：「你看！人家辦得多熱鬧，簡直就是轟轟烈烈！」

鄭經理也咬了口燒餅，把頭湊過去看那篇全頁的報導：「大進的知名度這下子水漲船高了。」

「赫！報上說麥坦蘭嫌飯店房間不好，於是大進換成了總統套房，一晚上要十萬元哩！」

「那得花多少錢啊！光看她帶來那一大票人的吃住就不得了了，更何況還有當作交通工具的加長型禮賓車、保全人員等等花費。」

「是啊！所以我說高總高嘛！如果是我們盧總，光是看到麥坦蘭要求的排場，就要嚇死了，」何經理做了個結論：「嘿！嘿！我告訴你，人家高總跺跺腳，揚起的灰塵就能把那葫蘆給淹死！」

ɞ ɞ ɞ

「老何，你有沒有聽到消息？」鄭經理打外面進來，皮包還沒放下就對何經理說。

「什麼？」

「大進出事了！」

「出事了？」

「聽說大量退票，被人告上了法院。」

「怎麼會呢？他們連續辦了幾場大型活動不是都很成功嗎？」

「是啊！大家都這麼說，他們的業務在外面連走路都有風，這會兒也不知道怎麼會出事的。」老業務鄭經理摸摸頭。

ఆఆఆ

「剛才葫蘆找你進去做什麼？」鄭經理問何經理。

「別提了，這悶葫蘆也不知道是不是吃錯藥了，竟然要我們企劃部研究一下，邀請天后克麗絲蒂來演唱。」何經理搖著頭苦笑。

「什麼？難道大進的前車之鑑沒嚇著他啊！這人的腦袋是不是有問題

呀！」

「誰知道他葫蘆裡賣的是什麼藥！」

盧總經理的葫蘆裡盛的是什麼藥呢？

【順思迷關】

如果以我所研究的「頭腦管理」的理論來說，這篇的重點是談我們腦內觀察系統的發揮。

對於一個想在社會上出頭的人來說，觀察能力的培養是第一要務。我研究過許多成功人士的思考方式，發現他們的觀察力並不亞於他們的思考力，可見培養觀察力有多麼重要了。

以前到機場接人的時候，我經常帶著孩子前往，要他們觀察形形色色來來往往的人群。有一次我帶著女兒站在出關的閘門前面，指著由裡面出來的客人和環繞在我們四周來接機的客人問她：「妳猜是誰來接這位客人呢？他們可能是什麼關係？」

女兒仔細觀察這些人的表情、客人出閘門一剎那間表情的變化，和他們相互招呼的表現，就能讓她找出答案來。

這就是觀察。一般來說，由別人的面部表情和肢體動作，就可以觀察到對方心裡的想法，但是，這個方法也並不全然就能夠觀察得到全貌，上面故事裡，被稱爲沒嘴葫蘆的盧總，就是個例子。

所以，要觀察這種人的想法，不能只著眼於他的表情和動作，必須去體會他的心。

【反思關】

正因爲盧總是個倒不出來也裝不進去的沒嘴葫蘆，所以他很少用舌頭辦事，而是用心去觀察他下一步應該怎麼走。

他也想邀請國際知名紅星來提高公司聲望，但是他沒有動作，只是默默觀察他人的成與敗、對與錯。

別人都以爲盧總經理是個悶葫蘆，絕對悶不出什麼好謀略出來，再加上大進高總這個前車之鑑，所以研判他不可能會重蹈覆轍，卻沒想到他竟然會踩著高總的步伐前進，難怪旁人要大驚小怪了。

重蹈覆轍並不見得全是壞事，只看你怎麼個「蹈」法，如果在行進的過程中避開那些岐路，專挑那些經過他人實驗過的好路行走，又怎麼會出問題呢？這樣去走風險反而會更小。

請繼續看下去，就知道那只沒嘴的葫蘆當初會被重用的原因了。

天后克麗絲蒂短短幾天演出，就像個超級旋風似地席捲了無數歌迷的心，除了欣賞她的歌藝之外，更爲她的善心感動。各大媒體以顯著標題報導天后此次演出，純粹是爲了贊助全球兒童基金會，而促成此次公益活動的星宇公司功不可沒。星宇公司的盧總經理也因爲這次演唱會所造成的轟動，頻頻接受媒體專訪。

在星宇公司的慶功宴上：

「老鄭，連續忙了一、二個月，就爲了天后這三天演唱會，可把我給累垮了！」何經理說是累垮了，可是精神看起來很好。

「哎呀！再累也値得啊！你沒看見每個報社都用了全頁報導嗎？這次咱們這隻大笨象可揚眉吐氣重振雄風了。」鄭經理一向海量，但是這會兒卻讓烈酒給整得滿臉通紅。

「可不是，這回換成你們的業務走路有風了，那些唱片行可眞現實啊！」

鄭經理豎起了大拇指說：「還是我們盧總高明！沒想到他會來這麼一招！」

何經理點點頭說：「這回我不得不服氣了，這葫蘆可眞不是蓋的！怎麼也沒想到他會要我們策劃一個公益活動，」何經理擠擠眼說：「你知不知道，當初我嗤之以鼻當它是個餿主意，沒想到天后居然會答應了，哈！這麼一來，所有的高級消費都省了，演出費也只拿了三分之一。既然是爲了公益，她就要保持形象，不會要求這要求那的。」

「所以我說咱們盧總高嘛！天后參加公益活動在形象上的收穫可能更大，她當然是會答應囉！」鄭經理說。

何經理咕嚕嚕喝了一大口啤酒後，抹抹唇上的泡沫說：「嗯，最大的贏家是我們公司，看樣子，這沒嘴的悶葫蘆，肚子裡還盡是好料！」

「噓！別說了，他走過來了。」

盧總捧了杯酒過來向大家敬酒，他什麼話都沒說，只是微微地笑著。

寶塔頂上的寶葫蘆

寶塔鎮寶物，何物鎮寶塔？
寶塔頂上的寶葫蘆，尖上拔尖。

「嘖！嘖！徐校長，你的收藏還眞不少，」一位老教授取下老花眼鏡半仰著脖子，牆上的投射燈不但烘托著一幅幅山水畫和字畫，連他的臉也一道給烘紅了。

他羨慕地說：「這些可都是名家的大作哩！你可眞是厲害啊！了不起！了不起！」

「哪兒的話，還是遺憾啊！」

「遺憾？我看這些畫夠你買好幾棟房子的。」

「這你就不懂了，眞正的墨寶是在它的罕見稀有求得不易，這種在市場上流通的貨色並不稀奇。」

「看樣子，你有遺珠之憾？」

「是啊！如果能夠求得魯大師的墨寶，那就死而無憾了，」徐校長把剛沏好的茶倒在茶碗裡：「來，喝茶！喝茶！」

「魯大師？那可眞不容易，別說他高齡八十早已封筆了，這人個性古怪，就算是還能畫也一墨難求。」

「就是說嘛！所以我說遺憾啊！他年輕時畫的畫早就不見於市了。近代畫家中他可是頂尖兒的，就像座寶塔似的，咱們可搆不著啊！」

老教授啜口茶想了想說：「聽說，他曾經收過三個學生，這三人現在都在貴校教書。」

「是嗎？」徐校長挺了挺身子，神情變得很專注：「你說的是哪幾位？」

「藝術系魏羽教授、張富國教授和大衆傳播系李全教授。」

了。

學校一位行政主管的千金結婚，席開幾十桌，徐校長和教職員都參加洋酒瓶子一開，喜宴的場子沒多久就像個下油爆香了的油鍋，呼朋喚友嘩啦嘩啦的。

徐校長和幾位教授坐在一起：「各位平日辛苦了，來！讓我敬你們！」

「不敢！不敢！徐校長你海量，乾了！」教授們紛紛舉杯。

「聽說李教授張教授和魏教授是魯大師的高徒，我正好有事要拜託三位，希望能夠成全。」酒過三巡，徐校長堆起一臉笑容說。

「校長，您言重了，有什麼事我們可以幫忙的嗎？」李教授說。

徐校長說：「那我就冒昧直說了，各位知道我蒐集名家水墨畫，最大的遺憾是得不到魯人師的墨寶。我願意以高價求得一畫，能不能請各位幫忙？」

「這……」三位教授遲疑了。

「校長，並非我們不願幫忙，您知道家師那個脾氣……」張教授爲難地說。

校長使了個眼色，旁邊一位職員趕緊給大家又斟滿酒說：「來！來！喝酒，喝酒。」

你敬我我敬你，大家又連喝了好幾杯。酒酣耳熱之際，校長又提出先前的要求。

「魏羽先去試試看，他最會講話了。」見沒法躲，其他兩位教授只好推出一人上陣。

校長見事情有了希望，眉開眼笑地說：「你們三位教授都是高人，我相信一定不會讓我失望。」

三位教授你看我我看你擠出一絲苦笑，因爲他們知道這要比當年通過博士資格還難。惹毛了大師可是會被趕出師門的，教授們能不苦惱嗎？

【順思迷關】

俗話說：「一物剋一物」，這個「剋」字可大有學問。

爲什麼有些人能輕易讓人聽他的，把對方治得服服貼貼；有些人即使低聲下氣，卻招來白眼？

你想要罩得住某人，不管他是你的上司或部屬或丈夫或妻子或女友……只要你想讓某人聽你的，你就得先把這人的個性摸清楚，然後針對他的弱點下功夫，這樣才不會吃力不討好，碰上一鼻子灰。

對於一般朋友，想要借貸人情更要小心謹慎，免得在對方有心卻無力，或是不想牽涉太多的情況下，造成雙方尷尬，影響到彼此的友誼。所以，請人幫忙最好不要單刀直入，先蒐集資訊看看對方是否有能力幫這忙，再用言語來試探一下，如果發現這條路行不通就趁早收回，免得傷了感情。

【反思闖關】

想讓別人聽你的，效果最好的方法，是以反向思考試探對方的心態，邊談邊觀察。這種投石問路的做法，不但容易擊中對方的弱點，而且能讓自己隨時全身而退。

徐校長說魯大師是近代畫家中最頂尖的，像座寶塔似的，一般人想要搆都搆不著。但是，誰知道在那寶塔頂上會不會有個寶葫蘆，如果有的話，那才是尖上拔尖呢！

請繼續看看寶塔頂上有什麼鎮塔寶物。

ⓖⓖⓖ

苦惱歸苦惱，校長的要求既然無法推拒，被推出來的魏教授只得趕著鴨子硬上架，硬起頭皮來到魯大師家中。

「老師，最近身體好嗎？我來看您了。」魏教授把一盒子上好人蔘和一些水果放下，對由屋裡迎出來的魯大師說。

「噢！是魏羽啊！快進來坐。」魯大師執起他的手說。

魏教授對老師噓寒問暖一番之後，呑呑吐吐地說：「老……老師最近沒作畫啊？」

「你又不是不知道，我已經封筆一段時間不畫啦！」魯大師覺著奇怪。

「老師，我有個大膽要求。」魏教授吸口氣，壯著膽子說。

「什麼？」

「我……我們校長希望您能幫他再畫張畫。」魏教授一口氣講完。

「你是我的學生就該知道我的脾氣，別說封了筆我不畫，請人當說客我更不畫！」魯大師冷峻拒絕。

「老師……」

「別說了，你請回吧！」魯大師脾氣上來就沒好臉色，他轉身往屋裡走，還丟下一句話：「把你帶來的東西拿回去，我不要！」

◎◎◎

其他兩位教授知道了魏教授被趕出來的事，都向校長打退堂鼓不打算再幫他了，可是校長仍不放棄地激他倆：「人無信不立，既然答應我了，說什麼您二位也要試試！」

張教授只好又硬著頭皮找魯大師。但是這回他事先做了功課，先打電話給魯大師的家人，了解他什麼時候心情好，專挑他心情好的時候上門。

「老師，您今天看起來好高興。笑呵呵的。」

「是啊！今天到劇場聽了段相聲，逗得我挺樂的。」

兩人聊了聊相聲內容，師徒二人的笑聲不斷。

笑聲一停，張教授趁機說：「老師，上回魏羽來說的事……」

「什麼？你也是來幫他說項的？你請回吧！」魯大師翻臉像翻書一樣。

魯大師一見李教授上門，馬上沉下臉：「你是不是和他們一樣來氣我的啊？」

李教授連忙說：「不，老師，我真的是來看您的。」

魯大師這才放心，但嘴裡還是唸唸有詞：「這兩個人可把我給氣死了！」

「這兩個混蛋惹老師生氣，回去我要好好教訓他們一頓，」李教授見魯大師的臉色緩和了一些繼續說：「那天校長要求我們三人幫忙的時候我也在場，他們兩人不該答應得那麼快的，他們也不想想，老師封了筆怎麼能夠再畫？那校長也眞不是東西，明知會讓我們爲難，還硬趕著鴨子上架要我們當說客，當然，他的權力大，哪天找碴不續聘我們是有可能的，可是，我們也不能爲五斗米折腰呀！」

李教授連珠炮似地說了一大串，還一邊觀察魯大師的表情：「老師，我贊成您封筆的決心，千萬不可爲此破例，大不了我們另外去找工作……」

෧ ෧ ෧

「咦？這幅畫是……」老教授又到徐校長家喝茶。

「這正是魯大師特別破例畫的最後一幅畫。」笑呵呵的徐教授看起來心滿意足。

一幅氣勢磅礡的潑墨山水掛在牆中央，在投射燈的照射下，奇峰峻嶺之間的騰騰雲霧好像隨時都會漾出來似的。

解8

懂得訣竅，與人相處並不難

逢橋過渡見君子

逢橋須下馬，過渡莫爭船。
給人留餘地，彼此都心安。

「老師，緹縈救父雖然很感人，但是時代不同了，在過去是孝道，如果現在這樣做就是愚孝，在不同的時空背景下，讀這個故事似乎沒什麼意義。」古老師要班上學生發表對緹縈救父這個故事的讀後感時，許茹舉手發言。

「老師，我不同意許茹的講法，緹縈救父的故事除了表彰緹縈的孝心之外，還突顯她的勇氣，我們讀它是在學習她的精神，許茹的說法太偏頗了。」班長汪倩如馬上站起來反駁。

「馬屁精！」下課了，古老師才走出教室，許茹忽然大聲罵了一句。

「你說誰是馬屁精？」汪倩如聽到了，氣呼呼地質問。

「又沒說是妳，不打自招！」許茹的一些死黨圍了過來幫腔。

汪倩如身邊也集聚了她的死黨，壁壘分明的兩派人馬相互叫囂。從這一天開始，在教室裡、走廊和操場上，這些白衣黑裙的高中女生，即使碰到了也像不相識似的，就像兩群非我族類不相往來的燕子。

「班長，古老師交代下一堂國文課要練習辯論，要我們先分成正反方兩組。」一位同學氣喘吁吁地由樓下導師室跑上樓來傳達老師的指示。

這並不難，兩派學生自動靠邊站，班長很快就將同學分成了兩組，然後再猜拳分正反方。

古老師把今天的辯論題目寫在黑板上：「正方『如果中頭彩美夢成眞』；反方『如果中頭彩惡夢開始』。」

正方主辯許茹先起了個頭：「假如我中了頭彩當然是美夢成眞，因爲我可以用這筆錢買夢中想要的任何東西，做夢中想做的任何事。比方說，我想買棟豪華別墅給爸爸媽媽；我可以到各處旅行；我也可以幫助許多可憐的孤兒讓他們吃穿無慮好好讀書。」

反方主辯汪倩如回應：「中頭彩表示你在沒有心理準備之下，忽然擁有了一大筆錢，在什麼都很容易得到的情況下，你漸漸會失去進取心。正方說要買豪華別墅、四處旅行，就表示她傾向用這筆錢吃喝玩樂，在這種情況下，錢財很快就會散盡，由奢入儉難，失去了儉樸的美德，她的後半輩子堪虞。所以，中頭彩是惡夢開始。」

汪倩如的死黨熱烈鼓掌叫好，她得意地揮揮手。

正方一位同學不甘示弱：「有錢並不是罪惡，只要做好理財規劃掌控得宜，就對自己有好處。反方的說法可能是她自己的心理傾向，並不是每個人都喜歡吃喝玩樂。」

反方：「中了頭彩之後，人身變得不安全了，時刻擔心會遭歹徒綁架……」

古老師面帶微笑，靜靜聽著雙方你來我往激烈爭辯。下課鐘響了，大家停止發言等候老師的評論。

古老師說：「就辯論技巧來看，兩方都說得不錯，可以各得八十分。但是，我要以另類觀點做評審，兩方都是零分。」

兩方學生譁然。

「下堂課告訴你們爲什麼。」古老師離開了教室。

古老師爲什麼會給零分呢？

【順思迷關】

上面故事裡，許茹表達了她對緹縈救父這個故事的看法。汪倩如也表達了她的看法，可是同時也順便糾正許茹。

各自表達看法並沒有錯，可是明顯表達糾正別人的意圖，這種表達就不高明。同樣的，許茹事後過度反應，扭曲了雙方的出發點，反而擴大了爭端。

以上的衝突點，在每一天中的分分秒秒，都可能會在地球上的某個角落爆發。這是個很典型的因爭辯而反目的例子。

你有沒有過這種經驗，本來談得高高興興的，卻忽然一言不合而與人鬧翻？每個人或多或少都有這種經驗。

一對好朋友可能因此反目成仇，一對愛人可能因此勞燕分飛。

所以，在這篇裡我要提出「爭辯」是感情的殺手，而在下一篇要說明「接納」的力量。以這兩篇提供你一些有關「相識容易相處難」的解決方法。

【反思關】

每個人都有自尊心，都不甘落居下方失去面子，所以一言不合的時候，不是兩方都想在氣勢上略勝一籌，就是一方即使理虧也死要面子。

這就講到了問題點，爲什麼要吝於給人面子？

有句話「逢橋須下馬，過渡莫爭船。」意思是說過橋的時候請把馬拴在橋頭一個人走過去，挪出空間來讓別人也好走；坐船的時候也要互相禮讓，保持君子風度。

給人面子，就是「挪出空間來」給他留點兒餘地。這是君子之爭，不會動肝火。

怎麼做才叫給人面子呢？

比方說，對於某件事情他認爲自己很棒，別人根本不夠看，你要拆穿他嗎？除非這件事會因爲他的自傲導致一敗塗地，你又爲什麼要糾正他呢？那樣只會打擊他的自信，對於彼此並沒有幫助，不是嗎？

所以，想要爭辯之前，請先將思考轉個彎，問問自己有這個必要嗎？如此一來，就不會讓「爭辯」這個殺手凌遲彼此的感情了。

請繼續看看古老師的觀點。

連著兩堂國文課，因爲同學們對古老師的另類觀點非常好奇，所以鐘還沒響，所有同學就全坐在位子上了。

上課時古老師說出她給零分的原因：「第一、對於正方的美夢反方爲什麼要駁斥呢？如果她說中了頭彩，而妳知道是個騙局，那麼就要點醒她；如果她說中了頭彩之後就不上學，將來也不工作了，那麼就要糾正她；但是她只不過在述說自己的美夢，反方爲什麼要打碎她的夢呢？」

說到這裡古老師停頓了一下，像是要給點時間讓學生們思考、消化一下她所說的話。教室裡安靜的似乎可以聽到窗外梧桐的葉落聲。

「第二、因爲每個人的背景不同，所以每個人的想法、觀點也不盡相同，但是每個人都有表達個人觀點的權利，這點倒是一樣。兩方都可以述說自己的主張，怎麼能咬住對方的論點來窮追猛打呢？這樣很容易流於意氣之爭。」

同學們靜靜思索古老師說的話。

汪倩如忽然打破沉默發言：「老師，我們不是在辯論嗎？辯論就得這樣呀！」

古老師笑笑回答：「是的，所以我說妳們在技術上沒有錯，可以打八十分。但是我要大家辯論的用意不在爭奪勝負，而是希望同學們好好想想一句話：『逢橋須下馬，過渡莫爭船。』意思是說過橋的時候請把馬拴在橋頭一個人走過去，挪出空間來讓別人也好走；坐船的時候也要互相禮讓，保持君子風度。」

聽到這裡，同學們都心有領悟地低下了頭。汪倩如偷偷由眼角看看許茹，卻發現對方也正偷瞄她。

操場上一片白衣黑裙飛揚著，真的就像群體態輕盈的燕子在一起嬉戲玩耍。在這群燕子裡，有許茹和汪倩如的身影。

聖母的笑容

凡人的感情裡，有真又有假；
聖母的笑容中，是完全接納。

每次來到教堂，聖芬總有種特殊的感覺，這種感覺就像走在清晨的森林裡，身心自然而然達到和諧狀態。

「聖芬，妳在想什麼？」看著聖芬長大的神父，見她獨自默默坐在教堂裡，於是走過來關心地問她。

「噢！神父，我在想爲什麼聖母瑪利亞和耶穌受到苦難，臉上的表情卻是這樣祥和。」

和靄的神父輕拍著聖芬的肩膀說：「孩子，妳的婚禮就快要舉行了，準備好了嗎？」

聖芬苦笑，下回答：「沒有，我有點想要停止這愚蠢的事。」

「愚蠢？」

聖芬點點頭說：「神父，他的問題太多了，我實在是無法忍受，想到以後要和這人過一輩子我就害怕。」

「孩子，多想想，別那麼早下斷語。」神父本想和聖芬再多聊聊，可是幾位教友走了過來，他只好迎上前去。

♋ ♋ ♋

「神父，我可以和您說說話嗎？」神父辦公室的門開著，葛修女站在門口輕輕叩門。

神父取下老花眼鏡微笑點頭：「葛修女，請進。」

「神父，我想我不夠資格當個好修女，所以我……」葛修女泫然淚下。

「怎麼了？發生了什麼事嗎？」

「他……他自殺了。」

「他？妳是說少年感化院裡的那個男孩？我聽說了。」

「我非常努力去幫助這些孩子，沒想到還是發生了事情，我想是因為我的努力不夠，我有罪，不配做修女。」

「這……這樣吧！我介紹妳去見我的一位好朋友，他是個心理醫生，妳回來之後我們再談談。」

葛修女並不了解為什麼神父要她去看一位心理醫生，可是又不能違背他的意思，於是只好去了。

神父的好朋友對葛修女能有什麼幫助呢？

【順思迷關】

這個故事寫得很溫情，情感的鋪陳卻很眞實，是我最近親身體會到的年輕朋友的感情世界。

不管交朋友或是選擇終身伴侶，你都需要釋放感情並且接受別人的感情，但要清楚這是屬於一種自然的內心感受，千萬不要拿對方去符合自己的理想。

總是拿評估的眼光來審視別人和理想上的差距，不僅會讓自己矛盾不堪，而且也會使對方不知所措，因爲理想和現實總是會有距離。

弔詭的是，那些自認爲找著理想同伴的人，最後反而陷入更大的痛苦，因爲在他身邊的人爲了符合他的理想，會盡量掩飾隱藏缺點。想想看，當木已成舟，那人的缺點曝光之後，傷害是不是會更大？

請珍惜那些願意以眞面目面對你的人，他們不願作假，所以只有他們的感情才經得起考驗。

另外，習慣於以理想來衡量感情的人，總是把注意力放在別人有什麼缺點，而忽視了別人的優點，一旦習慣成了自然，最後就會變成一個吹毛求疵讓人不願接近的人。過去我有些很出色的朋友或同事，都因爲沒早些了解到這個道理而孤獨一生，實在讓人覺得很遺憾。

有一句話：「銅錢眼裡翻觔斗，豆腐裡面找骨頭。」養成這種壞習慣，自己也快樂不起來啊！是不是呢？

【反思關鍵】

一成不變的人往往會有一成不變的理想，總是認爲在自己身邊的人都應該符合這種理想。事實上，這是不太可能做到的，除非虛與委蛇製造假象。友情或愛情是一種感受的反應，而不是去裁量自己的理想，所以如果覺得他很不對味，就讓他那樣吧！不必製造彼此的壓力。

一旦你表達出喜愛他的優點，也接納他的缺點時，你就會發現彼此沒有了壓力，對方反而會表現得更好讓你更加喜歡。畢竟唯一能夠改變一個人的，是他自己。

聖母瑪利亞遭受到各種苦難和內心煎熬，爲什麼還能如此溫和平靜呢？答案就在後面。

「醫師，我們神父要我來見見你，他一定把我的情況告訴了你。」透過神父的介紹，葛修女來到醫院。

這位心理醫師點點頭，溫和地說：「我大概了解一些，但還是希望聽聽妳的感受。」

於是葛修女從她第一次到少年感化院做輔導工作，其間怎樣努力教導少年們改革他們的缺點解決問題，說到發生了少年自殺事件爲止。

「我非常努力找出他們的問題，要他們改掉不好的習慣，一開始大家還聽，可是後來我一到那裡大家就像見著鬼一樣躲得遠遠的，接著就發生了這個事件。我覺得好沮喪，挫折感很深……」葛修女緩緩說出她的心事。

心理醫師只是靜靜聽著，不發一語。

「醫師，你不覺得我有罪嗎？我是不是不配當個修女？」葛修女自己作了個結論反問醫生。

「不，妳沒有罪，妳是個很好的修女，天主以妳爲榮。」醫師回答。

剎那間，葛修女就像挪開了心頭的一個大石頭，她鬆了口氣說：「謝謝你。」

「神父，謝謝您介紹我去見您的朋友。」葛修女看起來輕鬆多了。

「妳知道爲什麼嗎？」神父問。

「您是希望醫生幫助我跳出迷思。」

「只說對了一半。我還希望妳看看心理醫師怎麼幫助心理有障礙的人。有許多好心人認爲幫助別人先要從幫他革除缺點做起，所以總是把注意力放在對方有些什麼缺點上，然後提出建議。這樣一來，沒有人願意接近他，因爲接近他只會感受到自己一無是處，就像是一層層地被剝去身上的自尊，最後體無完膚。」

葛修女想起醫師只是靜靜聽著，並不曾對她的訴說表示訝異，而且也不曾做出任何論斷，只表示她很正常。

葛修女心領神會點點頭說：「我改變了想法，只因爲醫師完全接受我。」

「是的，沒有人能夠影響別人，只有自己能影響自己。我們所要做的只是接受他原來的樣子，一旦他有了信心，就會想要變得更好讓你更加喜歡。」

ɞ ɞ ɞ

神父在教堂又遇到聖芬。

「聖芬，那天匆匆忙忙沒能和妳多說幾句話，今天我有時間可以好好和妳聊聊。」神父說。

「神父，想到他的優點我好喜歡，可是看到他的缺點，我又十分痛恨。」聖芬又矛盾又痛苦。

「聖芬，我要說個教堂裡最近發生的事給妳聽聽……」於是，神父把葛修女的事講了一遍。

「聖芬，沒有人是十全十美的，不要老是去注意他的缺點，要多想想他的優點。至於那不好的部分，只要在他感受到妳完全接納了他這個人的時候，才有可能會慢慢變化。要記住，只有他自己能夠改變他，妳只要給予完全的信任和完全的愛從旁協助。」

前來教堂練習唱聖詩的兒童唱詩班，隨著悠揚的琴聲唱出動人心弦的樂章。聖芬握住神父的手，一副輕鬆愉悅的表情。

她終於知道爲什麼不論發生過什麼事，聖母瑪利亞的笑容永遠是那麼的溫和平靜——因爲，她毫無怨尤地接納世人。

解9

不快樂嗎？請找出不快樂的心結，重新看待自己。

炒熟了的豆子

炒熟了的豆子，
發不了芽，結不了果；
被定型了的人，
出不了頭，掌不了舵。

「我們賞鳥協會還眞虧有竇子幫忙，不然怎麼會發展得這麼好。」

「說的也是，理事長兼了好幾份工作，沒法子專顧這裡，大大小小的事全靠著竇子。」

「聽說理監事們對他很欣賞也很信服，下回選理事長可能要變天囉！」

「那倒也不錯，人家是憑著眞本事啊！」

見到精明幹練的竇總幹事裡裡外外指揮若定，幫忙佈置說明會場的一對男女竊竊私語。

⊙　⊙　⊙

「各……各位來賓，多年來本會在各位支持之下得以蓬勃發展，嗯……在理事長致詞之前，先由我……我來報告本會舉辦年度野……野外賞鳥暨教學活動的行程……」竇總幹事首先發言。

「妳看，他的兩條腿直打哆嗦。」

「是啊！說話也結結巴巴的，這是怎麼回事呀？」

男的搖搖頭說：「眞教人不敢相信，這會是平常精明幹練的竇總幹事嗎？」

「唉喲！這麼多來賓，眞丟死人了！」

「難怪平日大家要他上台說說話，他死也不肯，好不容易趕著鴨子硬上架，手裡拿著講稿還說成這樣，唉！」

「你說，他這樣見不了場面，大家還會選他做理事長嗎？」

男的又搖搖頭苦笑：「開玩笑，這還只不過是小場面，如果碰到國際年會，他這樣上去像話嗎？」

這對男女爲台上的竇總幹事直捏冷汗，只希望他快些把講稿唸完鞠躬下台。

❀ ❀ ❀

開完說明會之後，竇總幹事更沉默了，他每天埋頭苦幹，能不講話就不講話。其實他心裡明白這缺點是他的致命傷，也曾四處拜師或是參加一些訓練課程，想努力解決這個問題，但就像腦袋裡有哪根神經錯亂了似的，一上台就發抖這毛病怎麼也改不過來。

協會舉辦野外賞鳥活動並不是件簡單的事，從媒體文宣開始就忙壞了大家，更何況還有許多小事像是遊覽車安排、旅遊保險、食宿問題等等，但是，只要有竇總幹事在，一切搞定！

「媽！妳快看！那裡有群大鳥！腿好長喲！」一個可愛的女孩拿著望遠

鏡大叫，她媽媽把自己的望遠鏡轉向她指的方向。

「哇！好漂亮的鳥！紅紅的長腿彎彎的嘴，」她拿下望遠鏡，發現竇總幹事就在她後方：「總幹事，那是什麼鳥？」

「紅鸛，」竇總幹事熱心地指著那群鳥說：「妳們仔細看，牠的嘴是彎的，低下頭覓食的時候把嘴倒懸著，好濾取食物。」

「好長的紅腿喲！像是舞台上的長腿美女。」女孩很有想像力。

「是啊！除了漂亮之外，也方便牠們在深水區覓食。」竇總幹事被女孩逗笑了。

竇總幹事領著大家在田野裡行走，同行的鳥類專家不時把有關鳥類的知識傾囊相授。

「媽！媽！」

竇總幹事聽到女孩的叫聲趕緊回頭，只見女孩站在一道並不寬的水溝前面大喊。她媽媽走在前面，這時回頭說：「跳過來！妳一定要克服，跳過來！」

「不！我不！」女孩竟然哭了，女孩的媽媽怕脫隊太遠，只好走過去把她抱了過來。

「怎麼回事？」竇總幹事問。

女孩的媽媽嘆口氣：「唉！幾個月前她那頑皮的哥哥嘲笑她腿短，說她會摔在水溝裡，從那以後就不敢過水溝了。」

「應該慢慢會好吧？」

「解鈴還須繫鈴人，她哥哥跟著爸爸出國了，只有等他回來再說囉！」

「解鈴還須繫鈴人」，一路上這句話在竇總幹事的腦海中盤旋不去，他思索些什麼呢？

【順思迷關】

很主觀地評斷一個人，就像是炒豆子，按照自己的意思和火候把豆子給炒熟。只是，那豆子一旦被炒熟定型，就再也無法發芽、結果了。

竇總幹事就像是被炒熟了的豆子，在他的心底，必然存有一段某人蓄意或者不經心在他身上加了把火，將他給炒熟、定型了的記憶。

只不過，人往往不願回顧這種記憶，因爲多多少少會引起某種程度的痛楚，於是只好任憑記憶的霉菌滋長壯大，最後阻礙了成長。

【反思關】

千萬不要隨意做個炒豆子的人，任何人都無權去炒別人的豆子。尤其是父母師長，更不可拿起豆子就炒，因爲這會扼殺一個正準備蓬勃地抽芽、成長的小小豆子。

如果發現曾經有段記憶，使得自己變成個不能發芽的豆子，即使這段記憶使自己不愉快，也得要去面對。因爲這種深刻記憶不會消失，唯有在它被改換之後，才不會再成爲自己的障礙。

請看看寶總幹事怎麼改換這段記憶，使得他能夠隨意地發芽、成長。

「爸！爸！我們回來了！」竇總幹事推開鄉下老家四合院的大門直喊。他的兩個寶貝蹦跳著跑進屋去找爺爺。一輩子務農的爺爺即使上了年紀，身體還是很硬朗。

晚上，一家子圍著大圓桌吃飯，老家的一瓢水、一粒米，乃至於一磚一瓦，對竇總幹事來說，都存有深深的依戀。

「大家都到院子裡乘涼，我準備了飯後餘興節目。」吃過飯後他宣佈。孩子一聽有餘興節目，趕緊拿著小板凳，攙著爺爺來到院子裡。

「咳！各……各位，我今天要說個故事給大家聽……」竇總幹事站在一個木箱上，像是發表演說似的，爺爺和孩子們覺著很有趣。

故事說完，爺爺和孩子們熱烈鼓掌。

他非常激動：「爸，你眞覺得我講得好嗎？小時候你老說我口齒不清，將來最好是從事動手不動口的工作。」

「講得好！講得好！」爺爺直誇。

他擦了擦眼角說：「好！那我再說一個。」就這樣，他站在木箱上，一連說了好幾個故事，每個故事都獲得老小的掌聲。

ꕥ ꕥ ꕥ

「他怎麼又上台了？自從上回上台出糗之後，他都拒絕再說話的，這次怎麼……」

「膽子是練出來的，可能是想練練吧！」

沒想到，竇總幹事上台後竟然表現得非常沉穩，不僅沒再打哆嗦，而且咬字清晰沒出半點兒錯。

「咦？他是竇子，我沒看錯吧！」男士揉揉眼說。

熱烈的掌聲響起，大家都爲他的進步高興，同時也鼓勵他更上一層樓。

竇總幹事一鞠躬，信心滿滿地走下台來。看樣子，以後上台演講再也難不倒他了。

風車底下打燈籠

萬言文章從後看，
斷章又縮句；
風車底下打燈籠，
捕風又捉影。

「大家要小心，不要到深的地方去！」帶著中學生捉泥鰍的林老師把手圈成喇叭狀高呼。

山中小湖到枯水期的時候，湖面只剩下原來的十分之一，四處是黏糊糊的泥漿。學生可樂了，捲起褲管打泥水仗，沒多久就搞得渾身上下髒兮兮的，烏黑的臉上就只剩眼珠子還看得到點兒白。

「胖子！我和阿明牽住網子，你就到後面從底下往上托！」一個男生吃力地拉著大網子喊。

加油聲中網子終於被拉了上來，學生們一陣歡呼湧了上去：「哇！好多泥鰍！」

好多隻手伸進網子在泥漿中翻攪，滑溜的泥鰍在大家的指縫間拼命掙扎，小尖頭上的小眼兒驚恐地睜張著，似乎知道無法爲自己的生命抗辯，只好聽天由命。

「莊老師，麻煩您進來幫我一下！」披著長髮的吳老師在帳篷裡試圖搬起一個紙箱，但是太重了搬不起來，於是只好向帳外正在燒柴火的莊老師求援。

他匆匆進入帳篷，正要用力舉起箱子，忽然吳老師縮起肩膀尖叫：「我脖子上有東西在爬！快幫我拿掉！」他只好扔下箱子，拉下吳老師的外套，撥開她的長髮：「是隻毛蟲！妳不要動，我把牠捉出來！」

正當他用心捉毛蟲的時候，帳篷口突然出現一張泥濘的小黑臉，這小黑臉敢情是嚇了一跳，什麼話也沒說就閃開了。

莊老師雖然側著身子，但是看到了小黑臉一閃而過，他沒去管小黑臉要做什麼，只專心捉吳老師脖子上的毛蟲。

「吳老師，妳先生最近好吧？」開會時，一向自詡爲消息靈通人士的范老師忽然問。

吳老師沒料到她會問候她先生，愣了一下才回答：「他很好，謝謝。」

校長已經進行會議了，莊老師才匆匆走進來，他很自然地坐到離門口不遠的一個位子上，而旁邊坐著的正是吳老師。這時大家就像是約好了似的，忽然都把頭轉向他們看一眼。

「……這次會議……咳……」話才說到一半的校長被這突如其來的一幕打斷，差點兒忘了要說什麼。

吳老師在會後對莊老師說：「我感覺自從上次帶學生出遊之後，大家都變得怪怪的。」

莊老師其實也正思索這件事，所以開會的時候根本就沒心情聽校長說些什麼。

「哎呀！會不會是……」莊老師忽然想起帳篷外面的小黑臉，於是把心中的疑慮告訴了吳老師：「……當時我並沒想那麼多，現在回想，由那學生的角度看帳篷裡面，我是半側著身的，所以可能因此引起了他的誤會。」

吳老師又氣又急：「趕快找那個學生，好好解釋清楚！」

「可是，他的臉那麼髒，我根本就認不出來是誰，」莊老師無奈地說：「再說，就算找著了，他也絕不會承認自己散播謠言。」

「那該怎麼辦？」吳老師急得就快要哭了。

幾個學生和他倆擦肩而過，異樣的眼神和身後爆起的笑聲，使他倆渾身不自在。吳老師加快了腳步，把莊老師遠遠地丟在後面。

「莊老師，最近……有些傳聞……」校長吞吞吐吐的。

莊老師乾脆代替他說：「傳我和吳老師有不可告人之事？」

校長見他這麼直截了當嚇了一跳：「你……你……」

「校長，我們清清白白，有人誤會了，」於是他把上回旅遊發生的事情說了一遍：「……清者自清濁者自濁，我並不想到處向人解釋。」

校長想了一會兒才說：「我絕對相信你們，可是畢竟人言可畏，萬一傳到吳老師先生的耳朵裡，再怎麼說也是個心頭疙瘩，我還是希望你們面對問題澄清謠言。再說，我原來正準備把請你出任教務主任的公文呈報上去的，現在卻出現了一些阻力，所以，最好快點兒解決這事。」

莊老師皺起眉頭，這種捕風捉影的事，總不能登個聲明啟事澄清吧！叫他如何是好呢！

【順思迷關】

這世上有種最厲害、最殘酷，而且殺人不見血的武器，那就是讓人「無從辯駁的指控」。因爲這種指控是以一種想像的、斷章取義的、捕風捉影的，甚至惡意揑造的形式出現，往往不是光明正大地挑戰，而是從人背後突襲。

這種武器之可怕在於：它是隱形的，沒有可以回擊的靶子；它並沒有正面挑釁，所以讓人抓不著證據；它的殺傷力極強，並且殺人於無形。

就因爲它是無形的，如果予以反擊，反而會像是此地無銀三百兩。所以許多人被這種武器殺傷之後，也只能默默躲到一邊療傷止痛。

可憐的是，這種莫須有的傷口特別不容易彌合，尤其是當它成爲散彈，也「順便」擊中親朋好友的時候。

於是，傷口逐日腫脹、化膿、腐爛。輕者這一輩子想起來就咬牙切齒暗自飲恨，重者最後可能會因此而拖垮了身心。

所以，如果你是那受傷的人，請不要猶豫，務必馬上縫合傷口。如果你是那讓人受傷的人，也請你了解它的可怕和嚴重，切勿再犯下同樣錯誤。

【反思閣】

即使它隱藏於無形，相信你也一樣可以處理，因爲每個人的頭腦潛能是無限的，只要你願意認眞思考，並且學習靈活思考，總會想出個好方法來的。

僅僅在那裡高唱「謠言止於智者」，其實對自己並不會有實質上的幫助，反而助漲了那人散播謠言的力量，因爲大多數人的好奇心往往大過於他的腦袋。

所以，動動腦，最好也能夠想個「無影手」的招式，去破解對方的無形武器。在不傷和氣、不動干戈的情況之下，使得眞相大白，這才是個能用智慧防身的功夫好手。

請繼續看看莊老師怎麼使用智慧破招。

學校三十周年校慶就快到了，莊老師變得更爲忙碌，每天就連中午用餐時間也不見他的影子。

爲了盛大慶祝校慶，學校裡裡外外佈置得喜氣洋洋。當天除了各類運動比賽之外，晚間還在大禮堂舉辦慶祝晚會，節目都是學生們一手策畫和表演的。

晚會節目很精彩，有唱歌也有跳舞，壓軸是齣話劇。道具上了大舞台，四個掛旗子的旗桿架撐起一大塊白布。

幾個捲著褲管的同學上台，抓著手中的一面大網，前後左右又撈又拉地，看起來非常開心。

「看哪！好多泥鰍！」同學們快樂的表情非常逼眞。

那塊大白布底下有個大紙箱，一個女人搬不動箱子，叫了個男人進來幫忙……原來，這齣話劇是旅遊情景的重現。

看到一半時，台下許多老師學生忍不住竊竊私語。話劇就要結束了，看樣子是個快樂的結局：「噢！原來是個誤會，對不起，我不該捕風捉影的。」一個女學生說。

演男老師的同學拍拍她的頭說：「沒關係，記著，以後做任何事、說任何話之前，都要先有十分確切的證據。隨隨便便一句捕風捉影或者斷章取義的話，有可能會造成別人一輩子無法彌合的傷口。」

話劇演完了，觀眾給予非常熱烈的掌聲。

一場捕風捉影事件，就在風止影現的情況之下，水波不驚悄悄地平息了。

解10

請隨時隨地用心創造快樂的感覺

小丑的紅鼻子

小丑戴上紅鼻子，就是快樂的小丑。
請你也用紅鼻子，把快樂給找回來。

「一摸地、二拍胸、三拍手、四開花、五……哎呀！」小良叫了一聲，沒抓著桌上的砂包，反倒把手裡頭的幾個全給掉下來了。

「笨哪！看我的！」綁著兩條長辮子的小霞一把搶過五個砂包擺在桌上，接著抄起一個玩了起來：「……五滾球、六點頭、七摸頭、八摸鼻、九十十上高樓！哇！我贏了！」兩條辮子在她的肩膀上晃盪……

「練習之前一定要先壓腿、遛腿，鬆鬆腿筋。光壓不遛不中用，光遛不壓笨如牛，對，就這樣，輕輕壓，慢慢壓……」魏老師是東北人，長得高頭大馬，光他一個人的大嗓門就可以貫穿整個訓練中心。

「嘻！你真是笨如牛！」小霞輕輕鬆鬆照著魏老師的指示，一下子就把身子倒立過來，她頭下腳上地嘲笑搖搖擺擺翻不上去的小良……

訓練中心空蕩蕩的，只有小良孤獨地坐在跳箱上，腦中浮現的全是和小霞一起玩，或者一起受訓的情形。從中學開始，他倆就進了藝術學校，這些年來兩人不但是同學，也像是互相依靠的兄妹。

「哼！我是笨，就因爲妳從小聰明，所以現在才會扔下我，自己去當歌星。」小良由跳箱上跳下，鼻子重重哼了一聲。

「嗨！小良，在這裡睹物思情哪！」幾個戲劇組的大男孩不知打哪兒鑽了出來。

「是啊！就像是被剝了皮的高粱稈，這下子成了光桿啦！哈！哈！」幾個男孩笑成了一團。

「你們少缺德！」小良邊罵邊朝大門走去。

「最近你有些失常，暫停表演吧！把情緒給恢復了再說。」前幾天指導老師對小良說。老師知道小良的心事，怕他在表演的時候失神影響演出。小良沒說話，於是暫停了表演。

由中心出來經過一間教室，小良見到專攻小丑的陳大哥在裡面，於是開門走了進去。

「陳大哥，你一個人在練習啊！」

「是呀！就快要公演了，不加緊練習不行，」好脾氣的陳大哥看看小良說：「聽說小霞簽約要當歌星了？」

小良點了點頭，難掩落寞之情。

「我們既然走這行，進入歌唱界也很正常啊！你應該為她高興的。」

「我沒說不為她高興啊！」

兩人沉默了幾秒鐘，陳大哥忽然說：「你知不知道為什麼我要選擇當個小丑？」

小良搖搖頭。

陳大哥拿起橡皮做的紅鼻子往鼻上一套：「只要戴上這個鼻子，我所有的不愉快就都不見了，因爲這時候我不是我自己，我是個快樂的小丑。」

「你的意思是說，你可以駕馭你的情緒？」

「可以這樣說，」他摸摸臉上的紅鼻子：「這就是我用來將情緒改變的轉換器，戴上它，所有快樂的感覺就都回來了。」

陳大哥把紅鼻子摘下來戴到小良的鼻子上，同時問他：「你有沒有把快樂給找回來的『紅鼻子』？」

看樣子這紅鼻子還眞神奇，因爲戴著紅鼻子的小良開心地笑了起來。陳大哥有紅鼻子，小良的「紅鼻子」又是什麼呢？

【順思迷關】

心情不好的時後，千萬不要順著它，讓自己一路低潮下去，因爲情緒就像是流沙，只會使你愈陷愈深。

想要扭轉情緒，你就必須反過來做，生氣或者傷心的時候不妨「強顏歡笑」，即使咧咧嘴也好。試試看，一個微笑，一個淺笑，再一個哈哈大笑，笑完了之後，你的情緒也就轉變了。

但是，眞正快樂的感覺還是要去創造，或是找回來的，因爲唯有這快樂的感覺能維繫長時間的好情緒。

什麼是快樂的感覺呢？

例如曾經成功完成一件事情時所產生的感覺；曾經被人讚美或信賴時所產生的感覺；刻意經營的美好關係得到共鳴時所產生的感覺等等。

這種快樂的感覺永遠藏在記憶的某個角落裡，最好是有個方法可以讓你隨時找到它，這個方法就是我所說的「紅鼻子」。

【反思闖關】

有一回妻爲了點兒小事不高興，我故意把五官全擠在一起，做個包子臉給她看，她笑了起來。從那回開始，一旦發生小爭執，我就馬上做包子臉，保證馬上雲消霧散，屢試不爽。

後來我發現心裡不痛快的時候，只要對著鏡子做做包子臉，快樂的感覺就回來了。這「包子臉」就是我的紅鼻子。

記不記得有名的武俠小說主角楚留香，他的招牌動作是「摸摸鼻子」。從心理角度觀察，這個動作帶給他自信、快樂的感覺，也因此塑造了他風流倜儻的個性。作家給他的「紅鼻子」，就是這個摸鼻子的動作。

請往下看看小良的紅鼻子會是什麼？

小良又上台演出了，在他一再對老師保證，自己的情緒已經恢復了的狀況下，老師終於答應讓他上場，只不過有些擔心地在旁邊囑三囑四的。

小良上台了，照慣例，他先站在台中央向觀眾們鞠躬問好，然後才表演特技。但是，這回有點不同，他從腰際掏出來兩個小砂包，往空中一扔，然後一個迴轉，一手一個再將兩個砂包接住。把小砂包輕輕塞入腰際之後，他才開始表演。

觀眾們報以熱烈掌聲，小良笑得非常開心，他在台上熟練地表演特技，沒有一點兒瑕疵，觀眾給予最熱烈的掌聲。在旁邊緊張地盯著他的指導老師，這會兒才終於鬆了口氣。

砂包是他和小霞從小玩到大，樂此不疲的童玩，把它塞在腰際，就像小霞在他身邊一樣。小良似乎還聽見她皺著鼻子說：「笨哪！」

這個由小霞縫製的，有著小碎花圖案，裹著兩小坨米粒的砂包，就是小良的紅鼻子。

解11

羨慕別人的人緣好嗎？反轉腦，你也做得到

帶刺兒的鐵絲

帶刺的鐵絲，出名的難纏；
惹不起的人，老讓人難堪。

「馬華光，你進公司三個多月了吧？這段時間對環境和產品應該有了認識，接下來就要看你怎麼在業績上衝刺了，你預備怎麼做？」美髮劑供應商馮總經理說。

「我發現我們的產品沒有供應國內最大的美髮連鎖店『康麗』，所以打算先朝這家進攻。」馬華光說得理所當然，一副初生之犢不畏虎的樣子。

旁邊幾個老鳥業務相互看一眼，嘲諷地嘿嘿笑了兩聲。

馮總經理瞪了瞪這幾個老鳥對馬華光說：「好！有志氣，好好加油！」

走出會議室，馬華光忍不住問一位待人還算和氣的業務：「我說要進攻康麗，大家好像不以爲然？」

「那是當然，你不想想看，他們是最大的一家美髮連鎖店，如果能攻得下來，我們早就和他們做生意了，還輪得到你嗎？」他擺出一副嗤之以鼻的表情，還用手指了指腦袋，表示馬華光頭腦有問題。

馬華光雖然被老鳥們的態度搞得沒了信心，但是既然已經在總經理面前撂下了話，只得趕著鴨子硬上架，把公司各種洗、染髮新產品和型錄裝入公事袋裡，然後在老鳥們怪聲怪氣「好好加油啊！」的嘲諷聲中奪門而出。

馬華光來到了康麗的旗艦店，聽說採購部門的辦公室就在店後頭：「對不起，請問採購經理的辦公室是不是在裡面？」

「是呀！你要找我們鐵經理嗎？」

「是的。」

馬華光以爲鐵經理是位男士，沒想到卻是位看起來頗爲嚴肅的中年女士。他趕緊遞上自己剛印好的名片。

「你找我有什麼事？」鐵經理說話直接了當。

「噢！鐵經理，我想把我們公司的新產品介紹給您。」馬華光有點兒手忙腳亂地打開袋子，想把帶來的東西掏出來。

「不用了，你們的產品我看過好幾遍了，那些來過這裡的業務沒對你說嗎？我們公司使用供應商大展的產品多年，對他們很滿意，所以沒有換產品的意思。」鐵經理斬釘截鐵說得很堅決。

說了沒幾句話，馬華光就怏怏地退出了採購經理辦公室。他走到前面的理髮店裡，一位小姐溫和地問：「怎麼？又沒成嗎？」

他搖搖頭苦笑了一下，朝鏡子看了看長了的頭髮，乾脆坐下來請小姐理一下。

「別洩氣！碰一鼻子灰的也不是只有你一個人，」小姐把理髮巾圍上馬華光的脖子，然後在他的耳邊低聲說：「從我們鐵經理的外號就可以理解。她的外號是鐵絲。」

「鐵絲？」

「是啊！帶刺的鐵絲難纏哪！」

一句話惹得馬華光笑了起來，哈哈一笑使得他輕鬆了許多，他放眼瀏覽店裡的擺設，發現牆上、鏡前、櫃台上，甚至大門口的落地大花瓶裡，擺了許多各式各樣漂亮的乾燥花。

「妳們店裡佈置得很雅致。」他不禁稱讚。

「大家都這麼說，這都是鐵絲的功勞。」

「怎麼說？」

「這都是鐵絲做的，她做乾燥花很有一套。」

「是嗎？鐵絲居然能纏出這麼高雅的乾燥花來，眞讓人不敢相信。」

伶牙俐齒的理髮小姐笑了笑說：「鐵絲難不難纏，還要看怎麼個纏法。」

這頗具玩味的一句話，使得馬華光的腦袋靈光一現，好像忽然開了竅。

他閉目養神，嘴角浮起一個神秘的笑容。

看來，這個初生之犢正在思考，怎麼佈局好好纏住這卷帶刺兒的鐵絲。

【順思迷關】

每個人都渴望能夠被人欣賞，如果你翻閱英文字典會發現「欣賞 Appreciation」這個字的主要意義是「提高價值」。

這個英文字是不是很奇妙？你欣賞別人，你就提高了他的價值；你提高了別人的價值，你就使得他有成就感。

好人緣哪裡來？來自於提高別人價值的能力。

所以，想要好人緣，就得先學習欣賞別人的優點，並且發出讚美的聲音，讓他知道你欣賞他。

不過，當你打算讓人知道你欣賞他時，請正確表達你欣賞他哪一點，盡量不要做抽象的表達，而是針對實體或對方的行動，指出讓你欣賞的地方。

而且，這表達千萬不能口是心非。

比方說，對一個女子說：妳好漂亮，太抽象了，不如說：妳有一雙漂亮的眼睛。而這女子眞的要有雙漂亮眼睛才行。

【反思闖關】

欣賞別人確實能獲得對方的好感，從這種行動裡可以分析出兩種效能：

一、如果你主動去發掘一個人值得你欣賞的地方，而這個地方是對方引以爲傲卻從來沒人讚賞的時候，對方的價值和成就感會因你的欣賞達到最高點。

二、伸手不打笑臉人，投射好感時，這好感絕對能夠從對方反射回來，所以要練就經常投射好感於人的功夫。

「主動欣賞」和「經常表達」就能讓自己成爲大受歡迎的人。一旦被人接受，就沒有事情不能圓滿達成了。

請繼續看看上面故事裡的業務新人馬華光，怎麼達成自己的願望。

過了兩天，馬華光又到康麗美髮連鎖店的旗艦店來了。

「你怎麼又來了？」鐵經理看到他皺著眉說。

馬華光笑盈盈地回答：「鐵經理，別擔心，我不是來推銷產品的，妳看，我什麼東西都沒帶來。」他把兩手一攤，表示自己確實不是為推銷產品來的。

面對鐵絲的一臉懷疑，馬華光按捺住不安的心情說：「我是請您私人幫個忙。最近我們要開個產品說明會，老闆特別交代要把會場佈置得很有格調，才能襯托出我們產品的優點，我想起您們店裡漂亮的乾燥花，打聽之下才發現原來是您做的。」

聽完這話，鐵絲的臉色轉趨紅潤，竟然展現了難得一見的笑容。

看到對方的反應，馬華光像是被打了一針強心劑般地繼續試探：「是不是可以請您教我們公司小姐做乾燥花？我帶幾位小姐來學習，材料和學習費用沒有問題。」

鐵絲軟化了，笑容滿面地回答：「好吧！這個月每星期一、三、五晚上，你就帶她們來這裡。學習費用不必了，只負擔材料費用就可以了。」

𝟞 𝟞 𝟞

馬華光帶著幾位公司的小姐，嘻嘻哈哈開開心心地上了一個月乾燥花課程。

在新產品發表會上，馬華光拉著鐵經理向馮總經理介紹：「總經理，她就是我們的乾燥花老師鐵經理，如果不是她幫忙，今天的發表會不會這麼成功。」

各式各樣高雅的乾燥花草，確實營造了非常特別的氣氛，把美髮產品襯托得非常有格調。

「鐵老師，」總經理語帶恭維地說：「沒想到像您這麼能幹的女士，才藝居然也如此出衆，眞是難得。」

「哪兒的話，如果不是小馬有這個心，我的乾燥花還見不了世面呢！」鐵經理很開心。

「聽說，小馬和我們公司的小姐們都拜妳爲師，以後還要請妳多多照顧。」

「照顧不敢當，不過他們在學做花的時候，已經把你們的產品拿給我們小姐試用了，下個月就開始進一點兒貨。」

馮總經理笑得更開心了，他舉起手拍拍馬華光的肩膀說：「好！好！多向鐵經理學學，希望你也成大器。」

「鐵姐，妳看，妳不教我我就沒前途了，別忘了妳的重責大任噢！」馬華光一句話惹得大家哈哈大笑。

看樣子，這帶刺兒的鐵絲在小馬手上纏得可好呢！

少粒米的米倉

文友滿天下，知心有幾人；
米倉少粒米，來去了無痕。

「煩死了！天天埋在一堆堆文件裡，難道我要這樣過一輩子？」莊浩把桌上的文件一推，向後仰靠在椅背上嘴裡咕噥著。

「怎麼啦？」旁邊的同事抬起頭關心。

「唉！沒什麼，只不過覺得自己的個性不適合當公務員。」莊浩嘆口氣回答。

莊浩兩眼瞪著天花板心想：「我得想想辦法跳出去，再這樣下去我會瘋的。」

學生時代是運動健將，一向精力旺盛的莊浩，對於文書工作絲毫沒有興趣。當初家人以生活穩定爲由勸他接受這個工作，兗強做了兩年，現在實在是撐不下去了，每天一進辦公室，看到桌上成堆的文件就開始頭疼。

「莊浩，阿山告訴我你準備辭職？」女友小萍忽然打電話來。

「是啊！我正想告訴妳。」

「哼！」小萍不滿地打鼻孔裡哼了一聲：「辭職之後呢？」

「我打算用這兩年存下來的錢開家火鍋店，名字……」

莊浩還沒講完就被小萍接了下去：「名字都取好了，叫做浩記火鍋店。」

「噢！阿山都告訴妳了。」

「是呀！你的事我一向得由別人那裡打聽，不然怎麼曉得。」小萍話裡帶刺兒，聽得出來她很不滿。

「別鬧了好不好！這麼多事要進行，我煩的不得了！」

「對！我只會煩你！對你而言我只不過是米倉裡的一粒米！」小萍的聲音提高了。

「什麼一粒米？」

「有我不多，沒我也不少！」小萍說完，碰！一聲掛上了電話。

◎ ◎ ◎

莊浩辭職之後，每天東奔西跑地張羅開店事宜。好不容易火鍋店開張了，大大的招牌「浩記火鍋」，在鞭炮聲中被懸掛在店門口。在莊浩看起來，這檜木做的金字招牌不是懸在樑上，倒像是掛上了他的肩膀，挺沉挺重的。

還虧了一些朋友捧場，一開始火鍋店的生意還不壞，但是過了半年，附近陸續又開了兩家火鍋店之後，生意一落千丈。

「又下雨了！看樣子今天又沒什麼客人。」莊浩看了看四周，店裡只有一對情侶依偎在一起吃火鍋。

他想起好久沒聯絡的小萍，上次鬧得不愉快之後，他打了好幾次電話給她，她都不肯接。

「唉！」他想起以前卿卿我我的日子不免感傷，怔怔地望著店門外飄落的雨絲。

「老闆！老闆！」

大概是想得太入神了，他沒注意到進來了一位客人，這位白髮老先生來過幾次，每次都獨自吃一人份的涮羊肉火鍋。

「老先生，火鍋來了。這是羊肉片和配料，請慢用。」莊浩把廚師打理好的菜端了上來。

「今天下雨，客人不多？」老人看起來想找人聊聊。

「是啊！您好像都是獨自一個人來吃飯？」

「我就一個人，從前我開貿易公司賺了不少錢，現在退休了。唉！沒有個知己朋友有錢也沒用。」老人有些感慨。

「您開公司認識的人應該不少呀！」

「是不少，」老人吃了塊涮好的羊肉說：「我就像個米倉。」

「米倉？」莊浩覺得這句話好耳熟。

「是啊！米倉裡有許許多多米，所以我從不在乎少了哪一粒。」

老人無意中的一番話，竟像個大鐵鎚重重擊在莊浩的心上：「米倉！我不也是個米倉嗎？我在乎過誰？」

店門外的雨絲忽然沒了蹤影，奇蹟似地由天空灑下幾道陽光，把店門口濕漉漉的地面照得晶亮晶亮。

由莊浩的發亮的臉龐看來，他的心頭也灑上了道光，只不過不知道這道光會帶來什麼奇蹟。

【順思迷關】

上面故事裡莊浩的女友小萍爲什麼不開心？因爲她不覺得自己在莊浩心裡有著特別的地位，發生在莊浩身上的重要事情還得由朋友轉述，多尷尬啊！女友的地位還不如他的朋友。

追女友的時候很熱絡，捧在掌心，到手之後就當成手帕放在口袋裡，雖然還是隨身帶著，卻不事事以她爲主了。直到失去了，才又痛心疾首。這正是許多年輕人的通病。

所以，她說自己好像米倉裡的一粒米，有她不多，沒她也不少。

巧的是莊浩碰到一位老人，這老人感嘆自己以前像個米倉，認爲每粒米都差不多，從來不在乎是否少了一粒米，所以孤獨一生。這老人的反省驚醒夢中人，使得莊浩察覺自己的錯誤。

【反思關】

有時候傳達了欣賞別人的意思，卻不見得能讓對方感動，爲什麼呢？因爲並沒有讓對方覺得自己很特別，所以對方只接收到好感，卻不覺得自己和別人有何不同，他爲什麼要感動呢？

米倉裡的每粒米長得不見得都一樣，你必須學會分辨他們的不同、欣賞他們的特點，然後很適當地讓他們知道，他們在你心目中是獨一無二的。

若要人緣好，除了要主動欣賞別人之外，還要讓這人覺得他在你心中的地位和其他人不同。

「一視同仁」是很順向的思考，這種傳統的想法並不能爲我們帶來什麼好處。正確的做法應該是：表面上看起來一視同仁，私下裡卻讓對方知道，他在你心中有無法取代的地位。

主管帶人帶心，表面上對大家都一樣，私下卻暗示下屬他特別重要。這樣一來，下屬的自我價值感、榮譽感增高了，自然就會努力打拚。老師帶學生也是這樣。

做生意的好手絕對不會讓顧客覺得他和別的客人沒什麼不同，他總想辦法對某個客人表達他的重要性，受到尊重的客人就會產生信賴感，放心地把生意交給他做，因爲客人認爲自己地位特別，所以不論交付的是產品或是服務必定會是最好的。

請看看莊浩幡然覺悟後會怎麼做？

「咦？對面火鍋店要關門了嗎？」麵包店的女店員指著街對面問同事。

街對面，一位工人正在把浩記火鍋店的招牌拆下來。

「不會吧！妳看！火鍋店的老闆指揮工人在換招牌，不是拆招牌。」

果眞，浩記火鍋店招牌被拆下之後，換上了「萍聚火鍋店」的金字招牌。說也奇怪，改了店名後不久，一反往日的冷清，客人竟然絡繹不絕。

仔細研究一下，火鍋店不但是把招牌改了，菜色也有些變動，店裡推出了頗具特色的一些火鍋料理，像「鮮奶海鮮鍋」，就是別出心裁的一道菜。

萍聚火鍋店服務人員的行頭也改了，配合牆上一大幅浮萍荷花水墨畫，服務人員的圍兜上都繪有浮萍。莊浩特別拍了張萍聚火鍋店的照片，並在後面寫上：「期待與萍相聚」，他把這張照片寄去給小萍。

店主人莊浩穿戴著漂亮的圍兜，站在門口歡迎客人光臨：「黃先生、黃太太，你們來啦！我就知道你們今天可能會來，特別保留了好位子給你們全家。」

黃先生聽到這話得意地揚起頭，呵呵笑著招呼全家入坐。

「宋老伯，今天紅光滿面的，是不是有什麼喜事呀？」莊浩把手搭在一位老先生的肩膀上，和他一家人點點頭打招呼，然後低下頭去說：「老顧客，我免費送道小菜給您嚐嚐。」

莊浩變了，他盡量記住客人的姓名和模樣，凡是來過兩次以上的客人，他都能叫得出來。客人受到特別對待，自然是得意洋洋。

一天晚上又是高朋滿座，莊浩忙裡忙外，直到店裡打烊了才得空坐下歇歇腿兒。

「莊浩！」一個熟悉的聲音由店門口傳過來。

「小萍！」莊浩又驚又喜，趕緊走到門口把小萍迎進來坐下：「妳收到我寄的照片了，是不是？」

小萍點點頭，她瞧見莊浩圍兜上的浮萍時，眼眶中浮現了淚光。

蛤蟆出井一蹦千里

井底蛤蟆，眼光短淺；
蛤蟆出井，一蹦千里。

「曹組長，太離譜了，連這麼簡單的一件事都做不好，你這個組長是怎麼當的？」翁晴往桌上猛力一拍，雖說是個女人，這一掌的勁兒可不小，把會議室裡的人都嚇了一跳。

怒罵聲揚至室外，引起一陣冷嘲熱諷：「哈！那隻母老虎又在發威了。桌子拍壞了就是損害公務，李主任，你管總務可得追究責任不可以包庇翁主任噢！」

「包庇？我們單位會有人包庇她？那是天大的笑話。」李主任把一邊的嘴角挑成了45度。

「昨天晚上大概和她丈夫大打出手，」會計吳小姐眨著眼說，「你們有沒有發覺她今早一來眼皮是腫的？」

「哎呀！她那瘦弱的丈夫哪經得起她一掌啊！只怕馬上跪地求饒了吧！」一個女助理說得大家哈哈人笑。

「聽說她有個厲害的婆婆，婆媳倆一向是水火不容……」

三姑六婆再加上個二公，能扯的扯能編的編，反正只要能把人家不喜歡的翁主任給貶得一文不值，就大快人心。

翁晴做事認眞、投入，但或許就是太認眞，所以得罪了不少人。同事們批評的也有部分是實話，她確實和公婆相處得不是很好。

一個週末，她又和公婆鬧了點兒小彆扭，乾脆把家務事一扔，出來透透氣，沒想到在百貨公司大門口遇到了她上大學時，社會心理系的一位女教授。

呀！」

「任教授！」她開心地叫住了一頭銀髮的教授：「任教授，我是翁晴

「翁晴，好久不見了，妳好嗎？」任教授轉身見到在學校一向名列前矛的學生，也高興地握住了她的手。

「教授，我請您喝杯咖啡聊聊。」對翁晴來說，慈祥和藹的任教授就像個波濤不驚的港灣，學生時代只要靠近這個港灣，心裡就能獲得平靜。

「翁晴，妳好嗎？」任教授盯住翁晴略帶憂鬱的臉龐。

簡單一句話讓翁晴眼紅鼻酸，她強忍著淚水，但是攪拌咖啡的手卻不聽使喚地洩了密，一向觀察入微的任教授輕拍翁晴顫抖的手，安撫她的情緒。

過了好一會兒，翁晴才說：「唉！做事容易做人難。」

任教授點點頭望著大落地窗外的行人說：「他們想些什麼？」

「什麼？」沒來由的一句話，使得翁晴摸不著頭腦。

任教授對著窗外努努嘴說：「這些人想些什麼？」

翁晴忽然感覺好像回到了上社會心理課程的學生時代，茫茫然看著窗外

行人回答教授：「大概是各想各的心事吧！」

「什麼事呢？」

翁晴開始認眞地看每個行人：「那對帶著小孩逛街的夫婦，太太全神貫注在櫥窗中的服飾，希望看到一套合適的漂亮衣服；丈夫在想帶的錢夠不夠、這個月會不會透支；孩子放眼搜索玩具或是冰淇淋店，準備隨時把大人給拖進去；那個穿著制服站在餐廳門口的人，正在觀察對門的競爭對手，比較誰的客人多；牽手走在人行道上的男女朋友，女的心想：看哪！我們是多麼漂亮的一對，男的心想：待會兒去哪裡可以一親芳澤……」

「是啊！」任教授把眼光收回來，專注在翁晴臉上：「妳有沒有發覺，每個人都只選擇性地注意和自己本身有關的事情？妳認爲重要的事情在別人來說或許並不那麼重要，反過來說也是一樣。」

翁晴是個非常聰穎的學生，她了解教授說的是什麼意思。

「教授，謝謝您。」她沉思一會兒之後啜了一口咖啡，發現咖啡不像先前那樣苦澀了。

【順思迷關】

上面故事的主角翁晴感嘆「做事容易做人難」，這種上班族經常掛在嘴上的說法，顯示一般人對於「好人緣」的渴望及追求之不易。

所以，在這個「好人緣哪裡來？」的主題下，我用了三個篇幅，分述三個獲取好人緣的重點。

前面兩篇分述兩個重點：

第一、要別人欣賞你，請先主動欣賞別人。

第二、要讓他曉得他在你心中佔有特殊地位。

這第三篇的重點是：請革除選擇性看事情的壞習慣，全面了解別人的感受和看法。

【反思闖關】

選擇性看事情會讓你把觀察的角度縮小，就像隻井底之蛙般眼光短淺。

比方說，當你僅僅注意到屬下打字老是會打出錯字來，而不去關心是不是因爲他有其他要事需要處理所以忙中有錯，這時，你就是在選擇性看事情，你的譴責就會衍生出對方的不滿來。

比方說，當你只埋怨太太今天又沒做飯，而不去關心她是不是身體不舒服，你也是在選擇性看事情，你的不悅就會引起她的惱怒。

擴大看事情的角度是種逆向思維，你必須要習慣這種新的思考方式，否則就會像井底之蛙般地永遠在井底打轉。

上面故事裡的任教授，用「這些人想些什麼？」來暗示翁晴必須放大看人看事的角度，這就是逆向思維。

所謂蛤蟆出井一蹦千里，請繼續看看翁晴怎麼讓自己隨時可以「跳出井」。

♋ ♋ ♋

週一開會之前，翁晴接到一個重要客戶的投訴，她滿臉不悅地參加會議，並且把客人的信攤開放在桌上，意思是要廠務主任好好看看廠裡做的好事。

翁晴心頭的怒火直往上衝，對方察覺敵意也像隻豎起毛來的公雞準備接招。忽然，翁晴低下頭把玩手中一隻筆，過了半晌才抬頭以很平和的口吻說：「秦主任，客戶雖然投訴，但是想必你們也有你們的困難，是不是可以說說，大家集思廣益？」

秦主任怔了怔，因爲他萬萬沒想到翁晴並沒像往常一樣破口大罵。公雞的羽毛平順下來了，大家很理性地就事論事。

「翁主任怎麼沒發脾氣啊？」會後兩位小姐在整理會議室。

「是啊！眞難得，聽說她不再那麼得理不饒人了。」另一位說。

「翁主任的筆忘了拿走了，」她拿起桌上擺著的一隻筆：「咦？這是什麼？」

兩人拿起筆，一個字一個字地唸出筆上貼著的一行小字：「這些人想些什麼？」

解12

想讓人接受你或你的意見，
請先反轉你的腦

鏡頭中的楚門世界

鏡頭中的楚門世界，真真實實虛虛假假；
誰會了解什麼是真，誰又知道哪些是假；
身心受縛真又何益，活得自在假又何妨。

「怎麼辦？天哪！怎麼辦？」秀琴的眼淚奪眶而出，淚眼模糊地看著把頭埋在胳膊彎裡的丈夫偉信。

「怎麼會欠這麼多錢？沒法子挽救了嗎？」

偉信搖搖頭沒說話。夫婦倆就這樣淚眼相對一夜到天亮。

經營不善，偉信的建設公司倒了，債主找上門，秀琴幫著丈夫打發一個個橫眉豎眼的債主，只差沒下跪。

「秀琴，這樣不是辦法，我……我可能撐不下去了。」偉信手捧著一杯威士忌，看樣子酒精對他並沒什麼幫助，反而使他更爲消沉。

一反往常，秀琴不再流淚，溫和堅毅的笑容掛上了臉龐：「別擔心，天下沒有過不去的火燄山，我們總會走過去的。」

結婚多年，秀琴常自諷是株藤蔓，依附著丈夫生活。這會兒樹幹隨風搖擺，她反而覺得自己堅強了起來，現在才發覺，原來藤蔓也有作用，她使出全力緊緊抓住每節樹幹，不讓他倒下來，藤蔓的韌性似乎可以擴張至無限。

偉信帶著醉意睡著了。秀琴心想，要還債就必須另起爐灶賺錢，但是，沒資本怎麼賺？她打開電視，兩眼盯著電視卻心亂如麻，直到……

銀幕上出現了她最喜愛的兩位相聲大師：「……你這是老壽星吃砒霜，活得不耐煩了吧！……你別挨罵了！」

秀琴聚精會神地看著相聲大師說相聲，心中浮起他和偉信在大學裡相識的往事。他倆是在學校社團相聲社裡認識的，那時她迷上相聲，於是參加社團和同學們一起練習說相聲。

「那眞是一段無憂無慮的時光啊！唉！這種好日子不會再有了。」秀琴有些感傷。

想著想著，忽然一個靈感躍現腦際……

ග ග ග

「偉信，你醒醒！」秀琴幾乎一夜沒闔眼，熬到天亮才把偉信給搖醒。

她按捺住興奮的情緒對丈夫說：「我想到了一個主意，不用資本就可以賺錢。」她把自己的想法仔細講了一遍：「這是我們的興趣，成爲工作會更加賣力，再說，目前相聲界還沒有夫妻檔，如果我們以這個爲號召，也算是獨樹一格。」

這個奇怪的點子一出口，秀琴免不了吃丈夫幾個白眼，可是她鍥而不捨地勸說，偉信終於說：「試試看是可以，但是怎麼開始？誰會請我們呢？」

是啊！即使有特殊的組合和相聲內容，又怎麼獲得製作人的青睞，請他們上節目，或是到劇場表演呢？

♋ ♋ ♋

秀琴的生活忽然變得異常忙碌，她把當初在校時的相聲稿拿出來，從早到晚地和偉信一起練習，還要撥出時間撰寫新的相聲稿。另外，還有打不完的電話……是在洽商可供練習表演的公共場所。

藤蔓的好處不只是韌性大，而且還有向四面八方探索的伸展力。秀琴就是株強壯的藤蔓，她不屈服於無情的現實，把自己的觸鬚向四方伸展。

「喂！請問是超爆綜藝製作單位嗎？……我是你們的忠實觀衆，你們有個單元報導奮發向上的奇人異事，我這裡有個非常好的題材，是不是可以……」秀琴撥了個電話，全力伸展自己的觸鬚。

一天，門鈴響了，秀琴開了門。

「我們是超爆綜藝派來的攝影小組。」兩位男士自我介紹，身後還跟著一位肩上扛著攝影機的男子。

從這一天開始，這夫妻倆就像生活在鏡頭中的楚門世界，生活點滴全入了鏡頭。

秀琴這麼做是爲什麼呢？

【順思迷關】

這是發生在日本的一個眞實的故事，我只稍微改了改內容。不過，我不從原報導者激勵世人的角度看這事，而從另外一個角度切入。

這個角度是，爲什麼秀琴要找綜藝節目來拍攝兩夫妻的奮鬥過程？

她這麼做的理由是：

一、隔行如隔山，想要異軍突起，就得要有異軍突起之道。

二、夫妻倆負債累累，所以必須尋求快速突破的方法來降低時間壓力。

三、運用媒體力量引起觀眾共鳴，在順水推舟的情況下，比較容易進行。

【反思闖關】

反思秀琴夫妻的問題，我再由心理層面抽絲剝繭地分析她的解決之道：

第一、一般人對某件事重視的程度，端看他本身涉及的利益多寡。綜藝節目找到符合節目內容的故事，可提高收視率；經紀人會因她水漲船高而獲利；幫這對夫婦寫相聲稿的作家、教他們講相聲的名家等等，都會因此被帶入境頭。

第二、一般人都不希望自己的選擇權利受到侵犯，所以壓力和選擇性成反比。在鏡頭中自然呈現，和觀眾的感情達到不等和諧，並不是強迫觀眾花錢買票去測試此演員合不合胃口，這種被觀眾選擇的機率會大也會快許多。

第三、平日多觀察蒐集別人的看法，再去邀他接受你的想法就比較容易。當秀琴將兩夫妻的生活經歷完全曝光在大眾面前時，必然會引起別人許多不同的看法和議論，綜合這些看法加以改進之後，再邀對方接受自己就會比較容易。

請繼續看看秀琴夫妻倆怎樣異軍突起。

ⓒⓒⓒ

秀琴夫妻倆的奮鬥過程以連續短劇方式，在綜藝節目中分集播出：

第一集，夫婦倆接受了公司倒閉的事實，開始努力經營一個完全陌生的事業。兩人在生活上所有練習相聲對話的情形都呈現在銀幕上，包括在廚房忙碌時、吃飯時、上街購物時，甚至偉信躺在浴缸裡、坐上了馬桶，嘴裡喃喃有詞練習的情形都攝入了鏡頭。

既然是相聲演員，有的鏡頭還故意被經營得令人噴飯。

第二集，多次在公共場合免費演出之後，夫妻倆鼓起勇氣前往一家大型藝人經紀公司毛遂自薦。

「陳經理您好，我們夫妻是相聲演員，希望能……」偉信把來意說明。

陳經理看了看他們身後亮著紅燈的攝影機，只好放下手中工作：「好吧！請你們表演一段。」

陳經理看過兩人的表演，認爲其中有很多缺失，例如：發聲不夠好、內容不夠生動有趣等等。夫妻倆垂頭喪氣地回到家裡。

第三集，夫妻倆更積極練習發聲。

「吃葡萄不吐葡萄皮，不吃葡萄倒吐葡萄皮……」不絕於耳。

兩人拜訪相聲大師求教。兩人請知名作家寫相聲稿。身後都跟著亮著紅眼的攝影機。

「怎麼這麼多信？」秀琴由門口信箱內取出許多信件，對著鏡頭開心地說：「是觀衆們寫來的。」這些電視公司轉來的信件上充滿鼓勵之詞，使秀琴激動得流下眼淚。

第四集，原本對他們夫妻倆不屑一顧的經紀公司經理忽然打來電話：

「……請你們參加一個大型演出……」

夫妻倆興奮得跳了起來。

初試鶯啼，雖然並沒有因此馬上竄紅，但是以新人來說，有這成績算是不錯的了。經理也誇他們頗有潛力，前途無量。

攝影機雖然離開了他們家，觀衆的心裡卻留下了兩人的影像。夫妻相聲檔漸漸竄紅，後來兩人開了家經紀公司，專門經營有潛力的說相聲人才。

三根弦的琵琶

三弦的琵琶，少了根弦就不成調。
哈佛的博士，沒這個修養就沒料。

「你認爲你的想法能成功嗎？你太天眞了吧！」席小楓對著手機喊了起來。

對方也不甘示弱地大聲反駁，小楓乾脆把手機拿離耳朵，等到對方不講話了之後才又把手機貼近嘴唇說了句：「偉志，我今天沒心情跟你吵，改天再說吧！我要去工作了，再見！」

她不管對方有何反應，匆匆關上了手機。

「席小姐，是男友嗎？」正在爲她整理髮型的化妝師關心地問。

席小楓點點頭，還好，鏡子裡的濃妝遮掩住了她的不快，否則這會兒定是臉色慘淡。她這陣子煩死了，忙著演電影又要唱歌，得點兒空還得和交往了一陣子的男友吵上一架。

「唉！煩死了，我打算要分手了。」她拿起一杯橘子汁啜了一口。

化妝師笑了笑沒說話，能說什麼呢？妝扮得了她的人，妝扮不了她的心情。

化妝師心想：「妳是影歌雙棲的天后，紅透半邊天，已經不是當初那隻由鄉下來的醜小鴨了，現在只有別人聽妳的，哪有妳聽別人的份？所以，分手不稀奇，不分才是怪事呢！」

上了台的天后席小楓可是卯足了全勁兒，拿著麥克風又唱又跳的，不但心頭的陰霾一掃而空，而且把在燈光闌珊處等著的那人，也一併給拋到九霄雲外去了。這就是工作的好處，可以擠開一切的不快和煩惱。

所以，她答應某個導演在這季演唱會結束之後，再接部電影。

「小楓，我讓人送去給妳的兩個劇本妳看了沒？」導演說。

「看了，看了，就選那個喜劇，另外那個文藝片要從小演到老，太累了，我沒興趣，你就讓別人演吧！」

「好吧！我跟劇作家溝通一下，那寫文藝劇本兒的可很想要妳演那主角。」

「太累了，你就幫我婉拒了吧！」席小楓很堅持。

「席小姐，外面有人找妳。他說姓余，那部文藝片的劇本是他寫的。」助理對正在挑服裝的小楓說。

「余先生？他來幹嘛？」她有點兒納悶兒：「妳請他進來吧！」

余先生看起來就是位思考細膩的人，犀利的眼光任那厚厚的眼鏡片怎麼擋都擋不住。

「席小姐，我今天來是想跟妳商量商量演我的劇本的。」余先生一坐下就開門見山地說。

小楓已經想到了他可能是爲了這個來的，於是很溫和地說：「余先生，謝謝您抬愛，不過我還是喜歡演喜劇，比較輕鬆自在。而且又是鄭放先生寫的喜劇，我更是非演不可。」這句話說得雖然溫和，但是聽在他人耳裡多少有些刺耳。

可是，余先生並不以爲意，他笑了笑說：「鄭先生的劇本一向寫得好，不拖泥帶水，而且角色的喜感非常自然不做作，演他的戲確實可以好好發揮。」

余先生很誠懇地稱讚了對手一番，席小楓見對方並沒反對自己的看法，也不好說什麼，只好靜靜地聽下去。

「但是，」話鋒一轉，余先生帶入主題：「我這部文藝片已經醞釀了很久，不論是在角色的塑造，或是內容的鋪陳上都非常紮實，可說是我這一生的嘔心瀝血之作。」

席小楓忍不住插嘴：「我說過比較喜歡演喜劇，因爲很輕鬆自在。」

余先生點點頭說：「是的，我也喜歡喜劇，誰不喜歡嘻嘻哈哈地工作？演喜劇片的確能讓人放鬆心情，不那麼緊繃，畢竟人生苦短，就要快樂些，對不對？」

「可是，我又想到文藝片把人生的喜怒哀樂，很深刻、眞實地刻畫出來，對於一個演員來說，他要給予觀衆的不僅是歡樂，還要詮釋出生命的眞相、意義和對策來。」

小楓不說話了，她在沉思。

「我想，這部戲非得要由妳演，才能給予觀衆我最初創作時所想要表達的東西。」

余先生告辭了，她答應好好再考慮一下。

她開車回家途中思考了許久之後，決定要接余先生的劇本。

「看來，我眞該向這位余先生好好學學！」小楓想著想著不禁笑了起來。

她認爲應該向余先生學些什麼呢？

【順思迷關】

好端端的一件事，爲什麼會和人起衝突呢？原因不外乎對方不接受你的意見，甚至硬要你聽他的。

我們要學著在別人的意見和自己相左的時候，也讓他有發表的自由，即使你很清楚他發表的是謬論，但是在你指正對方之前，請務必先爲他鋪設好一個台階，讓他不會摔著。

大多數人堅持己見的一個最深層的理由，是怕一旦立場不穩，就會跌下台去摔個鼻青臉腫。如果你事先爲對方設想到，先爲他鋪設好台階，不讓他摔著，他有什麼理由再堅持己見呢？

說不定在對方見到你爲他鋪設好的台階之後，會一邊下台階一邊反省，下到地面時，也就能心平氣和地接受你那正確的看法了。

【反思闖關】

有一個非常有效的反思方法要提供給你，那就是「永遠不要給人和你抬槓的機會」。

上面故事之中，劇作家余先生永遠順著天后的看法去稱讚別人，他不讓自己陷入任何可能會與天后抬槓的泥沼。這樣對方就沒機會對他起反感，也沒機會去否定他或者他的作品了。

你有沒有發現，每當天后提及另一位劇作家時，余先生馬上就肯定她的看法，這樣一來，天后就沒話說了，不得不繼續聽下去，而余先生控制了局面能夠說得下去，他成功的機會也就相對增高了。

請看看天后從余先生那兒學到了什麼？

打算要和男友分手的席小楓，居然親自下廚做了幾樣好菜請男友到家裡

北大演講的感觸——旺盛的求知慾是進步的動力

我在北大演講

第一次到北京，應邀在北京大學演講，最初只抱著學術交流的心情前往，最後卻形成某種震撼。

我確實是被北大學生們旺盛的求知慾震撼了。

在出發前，心中所預期的只是一間普通教室，坐著幾十位學生，沒想到進入北大校門後，

才發現校內安排的卻是該校目前最大的演講廳堂，該堂的講台上曾站著世上不知多少位名人，能站上這講台，對於我來說是深感榮幸。

七點開始的演講，在五點就已經坐滿了學生。我站上講台後，發現能容納五百人的大廳堂內，連樓梯走道都坐滿了人，大門口也站滿找不著座位的學生。

我目前在大陸出版了早期寫的《反轉你的腦》等四本書，讀者們的反應很好，同學們對於我談的逆向思維和頭腦管理，都想多了解一些，可惜礙於時間限制，未能講得更深入一些。

在問答時間裡，更讓我感受到前所未有的悸動，可愛的同學們爭相提問，時常有三、四位同學一起搶著問問題。記得一位學生由於鄉音太重，我聽不大懂他的問題，可是他很堅持不肯放棄，再三想說得清楚些，其他同學屢次在他說完後鼓掌，後來我才了解這是北大聽講的習慣，鼓掌是希望他能把時間讓給別人。

但是，這位同學始終不曾放棄，他把所有的問題一股腦丟進我的e-mail信箱，在我回到台灣後第一件事就是回他的信。你說他可不可愛？

演講結束後，我把一盒名片放在講台上，歡迎大家日後將問題經由網路丟給我，讓我印象深刻的是一位可愛的女孩，深恐拿不到名片，顧不得形象了，長腿一跨，跨過桌子擠到演講台前，我只好又多拿出一盒來給大家。

感受的是，北大青年深深了解知識是智慧的泉源，求知慾是進步的動力。

遺憾的是，我許久未感受到台灣學子有這麼旺盛的動力了。

從台灣出發前往北京的那一天，我在機場裡見到一大群年輕女孩子，對著幾個日本歌星大聲吶喊，尖叫聲幾乎可以貫穿出境處的屋頂，引人側目。

我心想，她們不用上課或是上班嗎？把注意力和思維全放在這上面，對自己的生命來說，是種停滯，還是前進呢？

我寫一系列有關逆向思維及頭腦管理的書，爲的就是讓讀者能潛移默化，學習「反轉」的方式。大陸青年們充份曉得只要習得如何反轉的方法，就能加快自己進步的腳步，而台灣有許多青少年寧願把注意力放在追逐明星偶像上，也不願動動腦筋籌劃自己的未來，這是會使整個社會倒退的一種現象，怎能不讓人憂心？

過度的商業化帶給社會的是渙散和不知何去何從，帶領著一代代年輕幼苗的中壯年們，眞的得要好好省思應該如何教導孩子們「接軌」而不是「脫軌」，如何重整思維創造新序，而不是脫序。

可悲的是，如今的中壯年們也經常把注意力放在一些是是非非，經不起時間考驗的無謂爭議上，如此這般，孩子們怎麼不會迷失方向？

北大演講，心有所感，特爲之記。

王舜清

2002.03.30於台北

逆向思維系列 05

反轉腦，樂在工作

作　者　王舜清
總編輯　陳惠雲
主　編　林岩鋒
排　版　李雅富
出版者　匡邦文化事業有限公司
聯絡地址　116台北市羅斯福路四段200號9樓之15
E-Mail　dragon.pc2001@msa.hinet.net
網　址　www.morning-star.com.tw
電　話　(02) 29312270、(02) 89313191、(02) 29312311
傳　真　(02) 29306639
法律顧問　甘龍強律師
初　版　2002年7月
總經銷　知己實業股份有限公司
郵政劃撥　15060393
台北公司　106台北市羅斯福路二段79號4樓之9
電　話　(02) 23672044、(02) 23672047
傳　真　(02)23635741
台中公司　407 台中市工業區30路1號
電　話　(04) 23595819
傳　真　(04) 23595493
定　價　新台幣200元
Printed in Taiwan
如有破損或裝訂錯誤，請寄回本公司更換

國家圖書館出版品預行編目資料

反轉腦，樂在工作/王舜清 作，
——初版，——台北市：匡邦文化，
2002〔民91〕
面：　　公分——(逆向思維系列；05)
ISBN 957-455-229-2 (平裝)
1.人生哲學　　2.生活指導
191　　　　　　91008335

讀 者 回 函 卡

您寶貴的意見是我們進步的原動力！

購買書名：反轉腦，樂在工作

姓　　名：

性　　別：□女　□男　　年齡：　　歲

聯絡地址：

E-Mail　：

學　　歷：□國中以下 □高中 □專科學院 □大學 □研究所以上

職　　業：□學生　□教師　□家庭主婦　□SOHO族

□服務業　□製造業　□醫藥護理　□軍警

□資訊業　□銷售業務 □公務員　□金融業

□大眾傳播　□自由業　□其他

從何處得知本書消息：□書店 □報紙廣告 □朋友介紹　□電台推薦

□雜誌廣告 □廣播 □其他

你喜歡的書籍類型（可複選）：□心理學 □哲學 □宗教 □流行趨勢

□醫學保健　□財經企管　□傳記

□文學　□散文　□小說　□兩性

□親子　□休閒旅遊　□勵志

□其他

您對本書的評價？（請填代號：1.非常滿意 2.滿意 3.普通 4.有待改進）

書名＿＿＿＿　封面設計＿＿＿＿　版面編排＿＿＿＿　內容＿＿＿＿

文／譯筆＿＿＿＿

讀完本書後，你覺得：

□很有收穫　□有收穫　□收穫不多　□沒收穫

你會介紹本書給你的朋友嗎？　□會　□不會　□沒意見

（貼郵票處）

116 台北市羅斯福路四段 200 號 9 樓之 15

五南文化事業有限公司 編輯部 收

地址：______縣／市 ______鄉／鎮／市／區______路／街

______段______巷______弄______號______樓